Franz Michalski

Als die Gestapo an der Haustür klingelte

Publikationen der Gedenkstätte Stille Helden, Band 3

Die Herausgeberin

Barbara Schieb, Historikerin, war von 1986 bis 1992 wissenschaftliche Mitarbeiterin der Gedenkstätte Deutscher Widerstand. Seit 2005 gehört sie dem Team der Gedenkstätte Stille Helden an. Sie hat mehrere Publikationen zum Thema „Untertauchen und Rettung von Juden in der NS-Zeit" vorgelegt.

Franz Michalski

Als die Gestapo an der Haustür klingelte

Eine Familie in „Mischehe“ und ihre Helfer

Herausgegeben von Barbara Schieb

METROPOL

Umschlagbild:
Franz Michalski auf dem Hindenburgplatz in Breslau, 1944

Alle Bilder und Dokumente, wenn nicht anders angegeben, stammen aus dem Privatbesitz von Franz und Peter Michalski.

ISBN: 978-3-86331-146-9

Ansbacher Str. 70 · D–10777 Berlin
www.metropol-verlag.de

Druck: Arta-Druck, Berlin

Inhalt

Einleitung

Noch ein Bericht aus dem Dritten Reich, noch einmal eine Wanderung von 1933 bis 1945, wozu? Weil kein Schicksal dem anderen gleicht. Millionen Menschen wurden in der Zeit des Nationalsozialismus ausgegrenzt, verfolgt und ermordet. Nur einige Tausend haben versucht, den Entrechteten zu helfen. Doch jede dieser Rettungsgeschichten ist einzigartig.

Auch ich will berichten von Menschen, denen wir in diesen Jahren begegnet sind, von guten und bösen, von schlimmen Umständen und von glücklichen Zufällen. Ich möchte sie ins Gedächtnis rufen, unsere stillen Helden, weil sie sich ihrer lebensgefährlichen Taten bis ans Ende ihrer Tage nicht gerühmt haben. Sie sollen als Vorbilder in Erinnerung bleiben und uns zeigen, dass auch in schlimmsten Zeiten Menschen anderen Menschen helfen können, wenn sie Mut, Klugheit und Nächstenliebe besitzen: der befreundete Polizist, das mütterliche Kindermädchen, die unerschrockene Arbeitskollegin, der wandelbare Partisanenführer, die sich blind und dumm stellenden Hotelbesitzer.

Von einem will ich erzählen, ohne dessen Ruhe und Umsicht, ohne dessen aufopfernde Tapferkeit und ohne dessen Organisationsgeschick wir auf keinen Fall das Kriegsende erlebt hätten: von meinem Vater. Ich werde von meiner Mutter berichten und von meinem kleinen Bruder. Und über mich selbst. Als alles überstanden war, war ich zehn Jahre alt.

Meine katholische Großmutter
Hedwig Michalski in den 1930er-Jahren

Meine katholische Familie, die Familie meines Vaters

Meine Großeltern väterlicherseits wurden beide kurz vor der Reichsgründung 1871 geboren und wollten heraus aus der provinziellen Enge ihrer schlesischen Heimatdörfer. Beide hofften, sich im optimistisch heraufziehenden zwanzigsten Jahrhundert in Breslau ein wirtschaftlich sicheres und zudem abwechslungsreiches Leben aufbauen zu können. Breslau, die Hauptstadt Schlesiens, war im jungen deutschen Kaiserreich rasch zur ostdeutschen Metropole aufgestiegen, in der die Wirtschaft blühte und Kunst und Wissenschaft den Ruf der Stadt weit über die Reichsgrenzen hinaus erstrahlen ließen.

Hedwig Glied, die am 15. Oktober 1867 in Kunersdorf geboren wurde, hatte in ihrer Jugend den Beruf der Köchin erlernt. Franz Michalski, am 20. Oktober 1869 in Ratibor geboren, kam als Schuhmachergeselle nach Breslau und erwarb bald darauf den Meistertitel. Nachdem sie um 1900 geheiratet hatten, bezogen sie eine geräumige Wohnung in einer

Richard Michalskis zweite Frau Grete mit den Kindern 1950 in Salzgitter. Von links: Dieter, Gisela, Dora und Klaus Michalski

gutbürgerlichen Gegend unweit der Breslauer Innenstadt, in der Hohenzollernstraße 72. Sie blieben in ihren Berufen tätig und waren beide erfolgreich. Franz fertigte als selbstständiger Handwerksmeister in einem Arbeitsraum der Wohnung Maßschuhe, und Hedwig richtete als freiberufliche Köchin Festessen in den Wohnungen ihrer Auftraggeber aus. Ihre vier Kinder kamen in der Zeit zwischen 1902 und 1909 zur Welt: Frieda 1902, Richard 1903, Lucy 1904 und Herbert 1909, der mein Vater wurde. Alle wurden katholisch getauft. Nachdem meine Großmutter Hedwig Mutter geworden war, nahm sie weniger Aufträge an. Aber soweit sie es konnte, ohne ihre Kinder zu vernachlässigen, bereitete sie auch später regelmäßig Hochzeits- und Kommunions-Essen zu.

Wie damals üblich, wurde ein guter Teil des inzwischen erworbenen Wohlstands in die Ausbildung des älteren Sohnes gesteckt. Richard durfte das Gymnasium besuchen und studierte nach dem Abitur Medizin in seiner Heimatstadt. Er wurde praktischer Arzt und hat es schon in jungen Jahren zu einer eigenen Praxis in der Kaiser-Wilhelm-

Frieda Signus in den 1930er-Jahren

Paul Signus in den 1930er-Jahren.
Beide Privatbesitz Gisela Signus, Verden

Straße und beträchtlichem Ansehen in Breslau gebracht. Er heiratete Mitte der 1930er-Jahre die verwitwete Dorothea Lorke (1898–1948), die ihre drei Kinder Eva, Hans und Heinz mit in die Ehe brachte. Für seine Stiefkinder wurde er ein verantwortungsvoller guter Vater. Richard und Dorothea bekamen auch drei eigene Kinder: 1939, 1940 und 1941 wurden Klaus, Dieter und Dora in Breslau geboren.

Frieda heiratete Anfang der 1920er-Jahre den Protestanten Paul Signus. 1925 und 1928 bekamen sie ihre Kinder Irmgard und Horst, die evangelisch getauft wurden. Paul Signus hatte sich als Vertreter für pharmazeutische Produkte in Breslau erfolgreich selbstständig gemacht. Frieda Signus war Hausfrau und berühmt für ihre ebenfalls guten Kochkünste. Ihr Mann Paul fiel am 1. September 1939, dem ersten Tag des Einmarschs der deutschen Wehrmacht in Polen. Dadurch musste Frieda alleine für ihre Kinder sorgen, wobei ihre Brüder Richard und Herbert sie unterstützten. Ihr Sohn Horst wurde als Sohn eines früh gefallenen Soldaten für die Napola (Nationalpolitische Erziehungsanstalt) vorgeschlagen. Frieda war froh, dass für die Ausbildung ihres Sohnes gesorgt war. Horst besuchte ab 1940 die Napola in Graz.

Lucy heiratete Mitte der 1920er-Jahre Wilhelm Vorpahl in Berlin. Er war Teilnehmer des Ersten Weltkriegs und hatte ein Bein verloren. Sie lebten in Berlin-Neukölln, und ihr gemeinsamer Sohn Wolfgang wurde 1927 dort geboren. Kurz nach der Geburt erkrankte Lucy ernsthaft an Arthritis. Ihre Hände und Füße verformten sich und veränderten sich später so sehr, dass sie beim Laufen und Greifen sehr beeinträchtigt war. 1933 trennten sich die Eheleute, und Lucy zog mit Wolfgang wieder nach Breslau. Wolfgang hat aber immer Kontakt zu seinem Vater gehalten. Lucy wohnte mit Wolfgang bei ihren Eltern in der Hohenzollernstraße. Sie arbeitete als Telefonistin bei der Landwirtschaftlichen Hauptgenossenschaft in der Schweidnitzer Straße. Meine Eltern haben Lucy finanziell unterstützt und kümmerten sich um Wolfgang. Sie luden ihn öfters zu sich nach Görlitz ein. Durch die familiären Kontakte kam auch Wolfgang auf eine Napola. Er besuchte die Erziehungsanstalt in Potsdam.

Die Familie war zwar katholisch, der Katholizismus spielte in der Familie aber keine dominante Rolle. Richard war – gemeinsam mit seinem besten Freund Alfons Thienelt – über lange Jahre ein leidenschaftlicher Messdiener. Die vier Michalski-Geschwister verstanden sich gut. Sie sorgten sich umeinander und unterstützten sich gegenseitig. Nachdem ihr Vater Franz am Karfreitag 1934 gestorben war, kümmerten sie sich gemeinsam um ihre Mutter Hedwig.

Meine jüdische Familie, die Familie meiner Mutter

Meine Großeltern mütterlicherseits stammten aus jüdischen Familien Breslaus, die sich den überwiegend evangelischen und katholischen Mitbürgern gleichberechtigt fühlten. Zu ihrem Bekanntenkreis gehörten Christen ebenso wie orthodoxe und reformierte Juden. Toleranz und Offenheit bedeuteten ihnen mehr als etwa nur die Voraussetzung für ihre erfolgreiche kaufmännische Arbeit. Es wäre ihnen jedoch nie in den Sinn gekommen, sich taufen zu lassen oder als orthodoxe Juden zu leben. Ihr Judentum hatte kaum etwas mit Religion zu tun, aber viel mit Tradition. Das Wesen eines jeden von ihnen, das Zusammengehörigkeitsgefühl dieser Breslauer Gesellschaftsschicht war geprägt vom sowohl liberalen wie festgefügten Familien- und Gemeindeleben der Eltern und Voreltern. Die wahren Freunde hatte man „unter unseren Leuten". Den Rabbiner schätzte man wegen seiner umfassenden Bildung, und an hohen Feiertagen traf man sich in der Synagoge, um den Gesang des Kantors zu genießen.

Es waren keine reichen Familien, aus denen meine Großeltern kamen. Aber sie hatten gesunde finanzielle Grundlagen und gute geschäftliche Verbindungen. Und so konnten sie mit ihrer kaufmännischen Arbeit etwas mehr Geld erwerben, als sie im Rahmen ihrer bürgerlichen Ansprüche benötigten. Dieser Überschuss, oder ein Teil davon, stand den Ehefrauen für ihre sozialen Aufgaben zur Verfügung. Es war damals üblich, dass wohlhabendere jüdische Damen einen Kreis bildeten, der einen Wohltätigkeitsfonds speiste und verwaltete. Daraus wurden Stipendien für Studenten finanziert, die Ausbildung junger Opernsänger – zum Beispiel Joseph Schmidt – gefördert oder notleidende Gemeindemitglieder und die jüdische Krankenpflege unterstützt.

Mein Großvater Berthold Brann wurde am 18. April 1868 in Breslau geboren und war zum Zeitpunkt seiner Heirat mit Helene Hahn 1905 ein erfolgreicher Textilkaufmann. Im Breslau der Jahrhundertwende wurde spät geheiratet. Die Eltern meines Vaters waren Anfang dreißig, und als die Eltern meiner Mutter 1905 den Bund fürs Leben schlossen, war Helene bereits dreißig und Berthold sogar siebenunddreißig Jahre alt. Die Söhne aus den jüdischen Familien sollten erst „etwas werden", bevor sie nach zumeist langjähriger Verlobungszeit eine Familie gründeten. Und den Vätern der Braut war daran gelegen, die Tochter aus der heimischen Umsorgtheit in geordnete Verhältnisse zu entlassen.

Helene und Berthold Brann wohnten in der Hohenzollernstraße 69 und somit in unmittelbarer Nähe der Familie Michalski. Berthold vertrat als Agent für Schlesien renommierte Krefelder sowie englische Webereien und Tuchfabriken und hatte seine Stammkundschaft überwiegend in Breslau. Sein Büro wie auch die Geschäfte seiner Kunden lagen in der Stadtmitte. Das war bequem für die regelmäßigen Kundenbesuche. Mit den auswärtigen Kunden verkehrte er schriftlich, und später kam das Telefon hinzu. An Personal brauchte Berthold nur eine Sekretärin und einen Handlungsgehilfen. Gelegentlich ließ er einen jungen Mann aus dem Kreis der Verwandten oder Freunde bei sich volontieren. Er tat dies mehr, um gefällig zu sein, als dass er die zusätzliche Arbeitshilfe wirklich gebraucht hätte.

Meine Großmutter Helene Hahn wurde am 27. Februar 1875 geboren. Sie kam aus einer auch nach heutigem Verständnis modernen Familie, und so versuchte sie später auch ihre beiden Töchter zu erziehen. Clara wurde am 4. August 1907 geboren, und meine Mutter Lilli kam am 21. August 1910 in Breslau zur Welt. Helene und die beiden Mädchen liebten den Ehemann und Vater. Aber sie empfanden sich stets als selbstständige Persönlichkeiten. Als die Töchter aus der Schule kamen, war für sie eine Berufsausbildung selbstverständlich.

Helene Brann starb bereits im Kriegsjahr 1917 mit zweiundvierzig Jahren an Brustkrebs. Clara und Lilli – zu der Zeit zehn und sieben Jahre alt – behielten sie als liebevolle und fröhliche Mutter und als schöne und elegante Dame in Erinnerung. Wie es schien, hat Lilli, die jüngere der beiden, den Schmerz über den frühen Verlust der Mutter noch weniger verwinden können als ihre drei Jahre ältere Schwester Clärchen. Lilli war ein stilles Kind, das noch Jahre nach dem Tod der Mutter Trost beim Vater suchte, aber auch erkannte, in welch hohem Maß ihre Anhänglichkeit ihrem verwitweten Vater Trost bedeutete. Ließ sie sich von ihrer Schwester zu Ausgelassenheit und übermütigen Streichen verleiten, hatte sie hinterher ein – meist unbegründetes – schlechtes Gewissen, während Clärchen bereits das nächste Vergnügen vorbereitete.

Es war schwer, sich von diesem Schicksalsschlag zu erholen. Um die Mädchen zu betreuen und den Haushalt zu führen, kam Liesbeth Landau, eine verarmte entfernte Verwandte, in die Familie. Sie war da-

Mein Großvater Berthold Brann um 1930

mals vierundfünfzig Jahre alt. Die Mutterrolle hat sie nie übernehmen können, und Clärchen und Lilli verstanden sich nicht gut mit ihr. Das führte natürlich zu Spannungen, die Liesbeth aushielt, die den Vater aber oft in Schwächeanfälle fliehen ließen. Als Clara und Lilli erwachsen waren, heiratete mein Großvater Liesbeth – aus Dankbarkeit.

Meine Mutter Lilli und meine Tante Clärchen haben als junge Mädchen im väterlichen Büro geholfen, wenn die Sekretärin fehlte. Clara tat dies öfter als ihre jüngere Schwester Lilli. Spaß hat es beiden gemacht. Sie liebten das Zusammensein mit dem warmherzigen, sensiblen Vater in den nüchternen und leicht verstaubten Büroräumen.

Es war nicht sehr weit vom Zuhause in der Hohenzollernstraße 69 ins Büro, das im Zentrum Breslaus lag. Man konnte zu Fuß gehen, was sich besonders in der Zeit der Inflation als sehr vorteilhaft erwies. Als sie 1923 den Gipfel des Wahnwitzes erreichte und der Geldwert mehrmals am Tag sank, bestand die Arbeit meines Großvaters weniger im Verkauf seiner Ware als im schnellen Kassieren der Rechnungen. Alle paar Stunden rief er zu Hause an, und eine der Töchter kam ins Büro gelaufen, nahm einen Packen Geldscheine in Empfang und flitzte Brot kaufen oder was sonst gerade benötigt wurde, bevor der Preis erneut in die Höhe schnellte.

Der gute Familienvater Berthold Brann hat aber seine Familie auch tyrannisiert. Bis zu seiner Heirat mit 37 Jahren lebte er im Elternhaus. Seine Mutter hat ihm noch in seinem vierten Lebensjahrzehnt jeden Wunsch so von den Augen abgelesen, wie sie es getan hatte, als Bertie ein vierjähriger Bub gewesen war. So machte sie aus ihrem Sohn einen Egozentriker, der es gewohnt war, dass sich die nächsten Angehörigen vor allem um sein Wohlergehen bemühten. Widrigkeiten in der Außenwelt, beispielsweise im Geschäft, begegnete er mit Krankheitsanfällen. Wenn Berthold plötzlich erkrankte, wenn das Entsetzen über einen vermeintlich eigenmächtigen Entschluss von Frau oder Tochter ihn an den Rand eines Herzanfalls brachte, mussten sie seinem Willen nachgeben, um eine Katastrophe zu vermeiden. Auch in unbedeutenden Angelegenheiten setzte er so seinen Willen durch und hinderte etwa durch einen Ohnmachtsanfall seine Tochter Clärchen daran, mit einem jungen Mann zum Tanz zu gehen. Beide Töchter lächelten im Nachhinein über die Unterwürfigkeit und „Affenliebe“ meiner Urgroßmutter, wenn sie uns später davon erzählten.

Die Nationalsozialisten haben alles verändert. Sie haben aus meinem Großvater, der bis dahin allenfalls auf dem Papier jüdisch war, einen stolzen Juden gemacht und aus dem Muttersöhnchen einen Mann. 1933 hörte die Welt meines Großvaters auf, sich nur um ihn zu drehen. Seine Wehleidigkeit und Hysterie wichen Mut und Besonnenheit. Er, der Verfolgte, half anderen verfolgten Juden seiner Gemeinde mit Geld und Lebensmitteln.

Für Berthold Brann stand 1942 fest, er würde sich nicht zum Abtransport kommandieren lassen. Was er noch hinnahm, war die Ausweisung aus der Wohnung in der Hohenzollernstraße 69. Dort hat er sein Leben lang gewohnt, dort sind seine Töchter aufgewachsen und dort ist seine geliebte Ehefrau Helene 1917 gestorben. Mit seiner zweiten Frau Liesbeth wurde er um 1941 in eines der von der Gauleitung eingerichteten „Judenhäuser“ eingewiesen, in eine dunkle, kleine Wohnung in der Neuen Graupenstraße 7. Immer öfter brachten wir den beiden Lebensmittel, Seife und andere Dinge des täglichen Lebens, die ihnen wie allen Juden zunehmend vorenthalten wurden. Immer stiller, immer ernster ist Berthold geworden, und seine Stimme immer leiser. Aber bis zum Schluss hatte er es gern, wenn ich ganz nah bei ihm saß und seinen Märchen zuhörte, während er seinen Arm um mich legte. Meine Erinnerung an Großvater Berthold und an Liesbeth ist lebendig. Er war ein höchst liebevoller Großvater, und wenn er mich auf seinen Schoß nahm, mochte ich zwei Dinge besonders gern an ihm: seinen kunstvoll gepflegten spitzen Schnurrbart, weiß wie sein Haupthaar, und den dezenten Zigarrengeruch, der ihn stets umgab. Das Verhältnis zwischen meiner Mutter und ihrem Vater war in den letzten Jahren sehr innig geworden. Sie teilten und bewahrten alle Geheimnisse und entwickelten ihren eigenen Kodex.

Er war einer der letzten Breslauer Juden, die noch nicht nach Theresienstadt oder Riga verschleppt worden waren, als sein Leben am 6. Juli 1942 erlosch. Er ist vierundsiebzig Jahre alt geworden. Die Frage, ob mein Großvater durch seine eigene Hand aus dem Leben geschieden ist, durfte meine Mutter, seine Tochter, nicht beantworten.

Ein halbes Jahr nach Bertholds Tod wurde die neunundsiebzigjährige Liesbeth Brann ins Sammellager Riebnig bei Brieg gebracht und am 4. März 1943 ins Vernichtungslager Auschwitz verschleppt. Sie kam von dort nicht zurück.

Die weitere jüdische Verwandtschaft

Aus Dankbarkeit hatte mein Großvater ab 1917 Liesbeths etwas schwachsinnigen Bruder „Kullu“ Landau in die Hausgemeinschaft aufgenommen. Seinen richtigen Vornamen habe ich nie erfahren. Er wohnte zwar nicht bei Branns, aber er nahm mit ihnen zusammen das Abendessen ein und bekam von Liesbeth allabendlich sein Essen für den nächsten Morgen und Mittag eingepackt. Berthold bestritt auch Kullus übrige Unterhaltskosten.

Kullu war ein stets gut gelaunter älterer Herr, den die Mädchen Clärchen und Lilli als Spielgefährten schätzten. Sie liebten ihn und lachten über ihn auch dann, wenn er seine Schwester zur Verzweiflung brachte; wenn er, zum Beispiel, während des Abendessens eine kleine Schere aus der Jackentasche zog und sich aus seinen Hosenbeinen in Oberschenkelhöhe Einlegesohlen schnitt, weil er fürchtete, auf dem Heimweg kalte Füße zu bekommen. Oder wenn er die Nachtisch-Äpfel so sorgfältig schälte, dass die Schale lockige Girlanden bildete, mit denen er schmunzelnd die äußere Brusttasche seines Jacketts dekorierte.

Als die Mädchen älter waren, bewunderten sie sein Genie. Er kannte beide Teile von Goethes „Faust“ und das Kursbuch der Deutschen Reichsbahn auswendig. Er konnte in diesen Werken in Gedanken „blättern“ und auf Wunsch bestimmte Szenen beziehungsweise Zugverbindungen aufsagen. Kullu bereitete aber auch Kummer. Er stand gern mitten auf dem Fahrdamm, um mit dem Regenschirm die ihm entgegenkommende Straßenbahn zu bekämpfen. Oft wurden Branns ins Unfallkrankenhaus gerufen. Seinen letzten Kampf kämpfte er Anfang der dreißiger Jahre. Er hat ihn endgültig verloren.

Meine Großmutter Helene hatte zwei Schwestern, Jenny und Gertrud, genannt Trude. Meine Mutter erzählte, dass Tante Jenny einen reichen Schuhfabrikanten geheiratet hatte und in einer prächtigen Villa in Berlin-Schlachtensee wohnte. Tante Jenny wurde früh Witwe und lebte seither überwiegend auf Reisen quer durch Europa. Sie hat schließlich nur einen geringen Teil ihres Vermögens vor den Nationalsozialisten retten können, aber immerhin ausreichend, dass sie und ihre unverheiratete Schwester Trude bis zu ihrem Tod in den 1950er-Jahren in Schweizer Hotels leben konnten. Helenes Bruder Alfred Hahn zog es ebenfalls – wie viele gebürtige Breslauer – in die Reichshauptstadt. Er lebte mit seiner Familie in Berlin-Wilmersdorf. Ich habe ihn nicht kennengelernt, aber meine Mutter hat davon erzählt, dass er zusammen mit Ehefrau, Tochter und Schwiegersohn deportiert worden ist.

Unter den wenigen erhaltenen Familienpapieren befindet sich ein Brief von Sophie Hahn, den sie am 25. November 1941 an meine Mutter schrieb. Helenes Tante Sophie Hahn, 1855 im schlesischen Neiße als Sophie Haberkorn geboren, lebte als Witwe von Julius Hahn in Breslau und berichtete meiner Mutter, die ihre Großnichte war: „Der Transport soll fort sein; damit auch jede Aussicht auf Wiedersehen". Damit meinte sie vielleicht ihre Verwandte Berta Haberkorn (geboren 1881), die an diesem Tag von Breslau nach Kowno deportiert und ermordet wurde.

Die Menschen wussten, was sie erwartete, aber es hat etwas Harmloses, wenn Sophie im selben Brief notiert: „Ich glaube, daß das Inliegende besser bei Dir aufgehoben ist als bei mir. Man weiß doch nicht, was alles noch kommt." Das Inliegende war ihr Testament (Dokument S. 110), aufgesetzt am 25. November 1941, in dem sie meinen Bruder Peter und mich, ihre beiden Urgroßneffen, zu ihren Erben bestimmte. Wir beiden waren von der großen Familie Hahn/Brann die jüngsten Verwandten, von denen sie hoffte, dass sie überleben werden. In Wahrheit hatte ihr der Staat das Vermögen längst geraubt. Am 24. September 1942 nahm er der siebenundachtzigjährigen Sophie Hahn in Theresienstadt, wohin sie am 30. August 1942 aus Breslau deportiert worden war, auch noch das Leben.

Außer meiner Mutter haben von den Hahns und Branns nur drei Menschen das nationalsozialistische Regime überlebt: ihre beiden Tanten Jenny Blume und Gertrud Hahn sowie ihre Schwester Clara Werner.

Clara „Clärchen" Brann, die Schwester meiner Mutter

Clärchen, am 4. August 1907 in Breslau als Clara Edith Brann geboren, entwickelte sich zu einem temperamentvollen Kind, zu einem zu bissigem Spott neigenden Backfisch und zu einem „bissel mannstollen" jungen Mädchen, wie ihr zu Übertreibungen neigender Vater bekrittelte. Sie besuchte das Lyzeum, ging mit der wohlhabenden Tante Jenny auf ausgedehnte Reisen, nach Baden-Baden etwa oder nach Venedig.

Jenny Blume (Mitte) mit ihren Nichten Clara (l.) und Lilli am Strand von Sellin/Rügen. Das Foto wurde an Claras 15. Geburtstag am 4. August 1922 aufgenommen und als Postkarte an Berthold Brann geschickt.

Clärchen beschäftigte sich in Breslau auf unterschiedliche Weise und arbeitete gelegentlich für längere Zeit in Vaters Büro. Sie hatte einen großen Bekannten- und Freundeskreis. Für Clärchen gab es die goldenen zwanziger Jahre wirklich. Und ausgerechnet sie, die scheinbar Oberflächlichste und Leichtsinnigste der Familie, hatte das sensibelste Gespür für die schreckliche Größe der aufkommenden Gefahr. Sie änderte ihr Leben, begann ein halbes Jahr nach Hitlers Machtantritt, als Sechsundzwanzigjährige, eine kaufmännische Ausbildung und bemühte sich um das Erlernen der englischen Sprache. Sie arbeitete bis Mitte März 1938 als Büroangestellte in der Kolonialwarenhandlung von Fritz Schmoschever. Danach wurde die Firma „arisiert". Sie hat sofort ihre Auswanderung betrieben und konnte am 16. September desselben Jahres englischen Boden betreten. England wurde nun ihre Heimat. Die britische Staatsbürgerschaft aber bekam sie erst nach dem Krieg, am 1. Juli 1949.

England hat viele Flüchtlinge aus dem Deutschen Reich aufgenommen, und die Geretteten haben es England gedankt. Aber nur wenige konnten in ihrer neuen Heimat das Leben im gewohnten Standard fortführen. Die Überlebenssicherheit musste mit sozialem Abstieg erkauft werden; das galt für viele, und für meine Tante Clärchen weit über das erwartete Maß hinaus. Als Putzfrau, Dienstmädchen und Fabrikarbeiterin am Fließband hat sie sich im London der Vorkriegs- und der Kriegsjahre durchgeschlagen. Dazu kam, dass sie, die Gesellige, trotz einiger unverbindlicher Bekanntschaften mit anderen Flüchtlingen sich unendlich einsam fühlte in der riesigen Stadt London. Im Allgemeinen wünschte die Londoner Bevölkerung keinen Kontakt mit Ausländern, schon gar nicht mit Flüchtlingen aus Deutschland, gegen das man kämpfte.

Das änderte sich langsam nach dem Krieg. Die Londoner wurden lockerer. Die Eingewanderten wurden zu Eingebürgerten und bauten ihre Minderwertigkeitsgefühle ab. Man kam sich näher, auch die Neu-Engländer untereinander. Viele der überlebenden Junggesellen oder Verwitweten heirateten. So auch meine Tante. 1946 heiratete sie in London Dr. Siegfried Fuchs, einen ehemaligen Rechtsanwalt aus Breslau, der ein gebildeter und feinfühliger Mann war. Er gehörte zu den besonders unglücklichen Emigranten, denen nach dem Ende des Kampfs gegen den Nationalsozialismus in immer erschreckenderem Ausmaß deutlich wurde, was alles auf immer verloren war, die in zunehmende Depression verfielen und mit Selbstmord endeten. Er starb 1949.

Clärchen heiratete 1950 zum zweiten Mal. Auch für ihren Mann war es die zweite Ehe. Georg Samuel Werner aus Breslau, 1903 in Krotoschin bei Posen geboren, musste mit der Trauer um seine in Breslau „vorläufig“ zurückgelassene Familie leben. Er hat nie erfahren, wann und wo seine Frau und seine dreizehnjährige Tochter ermordet worden sind.

Die Ehe zwischen „George“ und Clärchen war gut. Sie waren siebenundvierzig und dreiundvierzig Jahre alt, als sie heirateten, und sie waren sich gegenseitig eine Stütze, insbesondere im Kampf mit den Erinnerungen. 1972 starb Georg Werner mit neunundsechzig Jahren in London. Er starb an den Spätfolgen von Folterungen, die er in Schlesien vor seiner Flucht nach England erlitten hatte. Meine Tante hat den Verlust nicht verwinden können. Sie hat ihren Mann um mehr als zwanzig

Claire und George Werner, London 1950

Jahre, bis 1995, überlebt. Aber ihr fehlte der Halt, den er ihr gegeben hatte, und damit der Schutz vor den Gespenstern der Vergangenheit. Clärchens Leben endete in Unsicherheit und Depression. Sie fand ihre letzte Ruhe in London.

Meine Eltern Herbert Michalski und Lilli Brann

Herbert und Lilli kannten sich schon als Kinder. Sie wohnten in derselben Straße: Er Hohenzollernstraße 72, sie schräg gegenüber im Haus mit der Nummer 69. Als Kinder hatten sie nicht viel miteinander zu tun, doch die Familien kannten sich als Nachbarn.

Weil Klein-Herbert nicht ohne seine älteren Geschwister zu Hause bleiben wollte, lief er ihnen täglich in die Schule nach und machte so lange Krach, bis er die Erlaubnis bekam, still in der Klasse Platz zu nehmen. Schließlich hatten sich Lehrer und Schüler so an ihn gewöhnt, dass seine Einschulung zu Ostern 1915 mit fünf Jahren fast von alleine geschah. Mit dreizehn hatte er acht Schuljahre absolviert und den Volksschulabschluss und einen Lehrvertrag in der Tasche. Während der nächsten drei Jahre lernte er bei der jüdischen Großhandlung Lipschütz & Peiser in Breslau den Beruf eines Getreidekaufmanns. Das fiel in die Zeit der großen Inflation und der folgenden Deflation. Eine wirtschaftliche Katastrophe folgte auf die andere, und nur die Unternehmen konnten überleben, in denen besonders hart und ausdauernd gearbeitet wurde. Außer an hohen jüdischen Feiertagen hatte Herbert während seiner Lehrjahre nur an den Sonntagnachmittagen frei. Als weltoffener Katholik war es für ihn selbstverständlich, die jüdischen Regeln seines Betriebs zu respektieren.

Nach der Lehre fand Herbert eine gute Stellung als Disponent in der Getreideabteilung der landwirtschaftlichen Hauptgenossenschaft in der Kreisstadt Oels, dreißig Kilometer von Breslau entfernt, in der Nähe der Heimatdörfer seiner Eltern. Seine Arbeit machte ihm Freude. Sie war mit regelmäßigen Reisen verbunden. Die Genossenschaft erfasste die landwirtschaftlichen Produkte Oberschlesiens ebenso wie die des Bezirks Posen, und ihre Verbindungen erstreckten sich in Richtung Westen bis nach Görlitz in Niederschlesien. Herbert verhandelte mit Bauern und Landhändlern, und er hatte umso größere Erfolge, je besser er mit ihnen in ihrem lokalen Dialekt sprechen konnte. Auf die unterschiedliche Mentalität der Menschen einzugehen, auch in Bezug auf ihre regionale Sprachmelodie, diese Fähigkeit war das Kapital, das er bei der Genossenschaft erworben hatte und das ihm und der Familie einmal das Leben retten sollte.

Die Wirtschaftskrise 1929/1930 zwang die Genossenschaft zu Einschränkungen und Gehaltskürzungen. Herbert hatte schon seit Längerem mit der Selbstständigkeit geliebäugelt. Die wirtschaftlichen Probleme boten den Anlass, in Oels aufzuhören und nach Breslau zurückzukehren. Er baute sich als Angestellter der Handelsvertretung für chemisch-pharmazeutische Produkte seines Schwagers Paul Signus eine Zukunft als Vertreter auf. Die wichtigste Vertretung war die der Firma Hans Schwarzkopf in Berlin.

Herbert fuhr mit dem Motorrad in Schlesien von Ort zu Ort, besuchte die Kunden und war der überall gern gesehene „junge Mann" von Paul Signus. Seinen Traum von der Selbstständigkeit verfolgte er weiter. Er konnte vor allem seine Beziehungen zur niederschlesischen Kundschaft vertiefen, und er knüpfte Kontakte mit Herstellern chemisch-pharmazeutischer Produkte. Schließlich konnte er im November 1933 eine eigene Handelsvertretung in Görlitz eröffnen. Er vertrieb von dort aus die Erzeugnisse verschiedener Hersteller, unter anderem von Hans Schwarzkopf in Berlin, an die niederschlesischen Apotheken, Drogerien und Friseure. Obwohl Herbert viel auswärts tätig war, betrachtete er Breslau als sein Zuhause. Inzwischen war seine Familie in die Gutenbergstraße 4 umgezogen – nicht weit von der alten Wohnung entfernt. In dieser Gegend schaute er sich nach einer Frau um.

Lilli, 1910 geboren, besuchte das Lyzeum, danach die Handelsschule. Sie erlernte Kurzschrift und Schreibmaschine, kaufmännisches Rechnen und alle anderen Grundfertigkeiten, die für das Führen eines Büros erforderlich sind. Abwechselnd mit Clärchen half Lilli bei Bedarf in der Firma des Vaters, und sowohl gemeinsam mit Clärchen als auch allein begleitete sie Tante Jenny auf ihren Reisen. Diese Reisen, die sich manchmal über mehrere Wochen erstreckten, bildeten die schönste und unbeschwerteste Zeit in den Jungmädchenjahren meiner Mutter. Sie hat ganz besonders die früh verstorbene Mutter vermisst.

Lilli (oben) und Clara Brann an einem Strand im Sommer 1923

Lillis Bekannten- und Freundeskreis in Breslau war längst nicht so ausgedehnt wie der von Clärchen. Lilli bewegte sich in kleinen, ruhigen Zirkeln. Dort fand sie auch ihre erste und ungewöhnlich heftige Liebe zu David Hirsch. Als diese Liebe zerbrach, weil der junge Mann eine andere aus dem gemeinsamen Freundeskreis heiratete – und später mit ihr nach Palästina ging –, bedeutete das für Lilli scheinbar das Ende der Welt. Es war der nächste große Schicksalsschlag nach dem Tod der Mutter.

Zuerst beachteten sich die Nachbarskinder der Hohenzollernstraße wenig, aber herangewachsen, taten die blonden Michalski-Brüder alles, um die jungen Mädchen zu beeindrucken, besonders die „rassigen" aus den jüdischen Familien. Richard raste mit seinem sportlichen Cabriolet

Gertrud Hahn mit ihren Nichten Lilli (l.) und Clara an einem unbekannten Ort 1926

durch die Straßen, und Herbert fegte per Motorrad durchs Viertel, elegant, wie er meinte. Die jungen Damen, Lilli und ihre Freundinnen, fuhren schon mal mit – zum Naschen ins italienische Eiscafé am Tauentzienplatz, zum Tanz beim Fünfuhrtee im Savoy-Hotel, ins Grüne am Ufer der Oder. Herbert reservierte seinen Soziussitz bald nur noch für Lilli, und ihr machte es Spaß, mit ihm herumzufahren. Mein Großvater Berthold litt bei dem Gedanken an den Umgang seiner Tochter. Nicht etwa, weil er in Herbert den Katholiken abgelehnt hätte. Der Motorradfahrer machte ihm Angst. Er verbot seiner Tochter mitzufahren, und Lilli sagte ihre Verabredungen mit Herbert immer dann ab, wenn Berthold in Ohnmacht sank. Auch Bittbesuche Herberts bei Branns halfen nichts. Berthold ließ sich nicht sprechen.

Dieses kuriose Machtspiel endete durch Lillis kurze, aber für sie heftige Affäre mit David Hirsch. Nach ihrem jähen Ende war Berthold nun in echter Sorge um seine gebrochene Tochter. Herbert hatte nicht aufgegeben, durch kurz vorbeigebrachte Grüße bei Branns in Erinnerung zu bleiben. Nun rief Berthold Brann Herbert zu sich und

Herbert Michalski um 1943

Lilli Brann vor Herbert Michalskis Auto bei einem Ausflug im Oktober 1933

beschwor ihn, geduldig auf Lilli zu warten, auch wenn es Monate dauern sollte. Es dauerte fast ein Jahr, bis sie in Herbert den Mann fürs Leben sah.

Inzwischen waren die Nationalsozialisten an die Macht gekommen. Kaum ein Jude sah das Morden voraus, aber alle wussten, dass eine düstere Zeit des Judenhasses angebrochen war. Im Gegensatz zu früher gab es nun zahlreiche nichtreligiöse Juden, die zum Christentum übertraten.

Nach ihrer Verlobung gab Lilli dem Drängen Herberts und dem Zureden ihres Vaters nach und meldete sich zum katholischen Religionsunterricht an; das war eine Voraussetzung zur Aufnahme in die Kirche. Sie entschloss sich zu diesem Schritt auch, um ihre Schwiegereltern zu beruhigen. Hedwig und Franz Michalski waren angesichts der neuen Machtverhältnisse im Deutschen Reich voller Sorge bei dem Gedanken an eine Ehe ihres Sohnes mit einer Jüdin.

Aus der nichtreligiösen Jüdin Lilli Brann wurde die nichtreligiöse Katholikin Lilli Michalski. Dem jüdischen Glauben hat sie nicht nachgeweint. Aber als sie nicht mehr dazugehörte, verehrte sie das Judentum als Inbegriff von Toleranz und Humanität. Bevor sie „zur Kirche" gehört hatte, war ihr das Christentum gleichgültig gewesen. Die Priester in ihrer eigentümlichen Kleidung, die Messe, soweit Lilli den Ritus von außen beobachtet hatte, fand sie sogar eher sympathisch. Aber im Religionsunterricht wurde sie mit einem Katholizismus bekannt gemacht, den sie für herrisch, anmaßend und unaufrichtig hielt. Sie empfand ihren Übertritt in die katholische Kirche unter den politischen Umständen als vernünftig. Aber sie hat sich im Lauf der Jahre immer mehr für diese Vernunft geschämt.

Am 12. Dezember 1933 heirateten meine Eltern in Breslau standesamtlich und kirchlich (Dokument S. 111 und 112). Die kirchliche Trauung fand in der St. Corpus-Christi-Kirche statt. Mein Onkel Richard, Herberts Bruder, war Trauzeuge. Alle waren fröhlich und trotz allem optimistisch. Die Schrecken der Zukunft konnte keiner voraussehen: Das junge Ehepaar nicht die drohenden Deportationen, der Onkel nicht den wahnsinnigen Krieg, an dessen Ende er, Richard Michalski, der einzige Arzt unter den noch etwa 170 000 schutzlosen, hungernden, kranken und abgestumpften deutschen Bewohnern Breslaus sein würde.

Sofort nach der Hochzeit bezogen Lilli und Herbert ihre Görlitzer Wohnung in der Hartmannstraße, unweit des Wilhelmsplatzes. Dort war auch das im Vormonat eröffnete Büro untergebracht. Zwei Jahre später zogen sie noch einmal um, in das Haus Jakobstraße 9. Die Wohnung war komfortabler und größer. Sie hatte vor allem Platz für das größer werdende Büro, und sie lag noch näher am vornehmen Wilhelmsplatz.

Das Leben in Görlitz war angenehm für das junge Paar. Die Ehe war harmonisch. Herbert genoss seine Außendiensttätigkeit und die damit verbundenen Autofahrten übers Land. Lilli war die Seele des Geschäfts. Jetzt konnte sie in noch viel größerem Rahmen als im Büro ihres Vaters das anwenden, was sie auf der Handelsschule gelernt hatte. Sie erledigte die Büroarbeiten, machte Bestellungen, veranlasste Auslieferungen. Sie war „der Innendienst“, und dabei fühlte sie sich wohl. Das kleine Vertretungsunternehmen war von Anfang an erfolgreich. Die Kunden freuten sich über Herberts Besuche, und sowohl sie als auch die Lieferanten schätzten Lillis prompte und korrekte Abwicklungsarbeit. Die Provisionen flossen reichlich.

Lilli Michalski mit Franz in Görlitz um die Jahreswende 1934/35

Am 17. Oktober 1934 brachte mich meine Mutter im Caroluskrankenhaus in Görlitz zur Welt. Dort wurde ich auf den Namen Franz Paul Michalski katholisch getauft. Meine Eltern gaben mir den Namen meines väterlichen Großvaters, der am Karfreitag, dem 30. März 1934 in Breslau gestorben war.

Weil meine Mutter die Mitarbeit in Vaters Unternehmen fortsetzen wollte, stellte sie eine Hilfe für die Babypflege und den Haushalt ein. Erna Scharf kam ins Haus. Sie fühlte sich bald heimisch in unserer kleinen Familie, zumal sie in ihrem Mädchenzimmer erstmals ein Reich für sich allein hatte. Erna trat ihre Stellung noch vor ihrem achtzehnten Geburtstag an, und ihr Vater Ernst Scharf hatte zuvor Herbert das Versprechen abgenommen, für Erna nicht nur wie ein guter Arbeitgeber zu sorgen, sondern auch in ihrer Freizeit wie ein Vater über sie zu wachen. Im Lauf der nächsten Jahre war Erna für Herbert der stets fleißige und dienstbereite „Zögling“, für Lilli die vertraute Gesellschafterin beim gemeinsamen Kochen und bei der großen Wäsche und für mich die mütterliche und stets gut gelaunte Tante.

Der Glasbläser Ernst Scharf hatte aus gutem Grund seine Tochter die Stelle gerade bei uns annehmen lassen. Aufgrund der „Mischehe“

Lilli Michalski mit Franz auf der Kühlerhaube, Görlitz 1935

konnte er sicher sein, dass Erna nicht in eine nationalsozialistische Familie kam. Ernst Scharf war als Kommunist überzeugter Regimegegner. Er und einige seiner Freunde hatten in Görlitz oppositionelle Flugblätter aus der Tschechoslowakei verteilt. Sie blieben eine Zeit lang unentdeckt. Durch Verrat erfolgte die Festnahme der Gruppe. Ernst Scharf saß daraufhin 1937/38 ein Jahr lang im Görlitzer Gerichtsgefängnis in qualvoller Einzelhaft. Nach seiner Entlassung fand er als „Volksschädling" keine Arbeit mehr in der Glasbläserei oder anderswo. Es gelang ihm aber, einen kleinen Bauernhof in den Königshainer Bergen, in Thiemendorf im Landkreis Görlitz zu pachten, den er gemeinsam mit seiner Frau und Tochter Else bewirtschaftete. Er musste vorsichtig sein, rechnete stets mit Beobachtung und bekam in den nächsten Jahren immer wieder Besuch von der Gestapo.

Aber er hörte nie auf, untergetauchten Genossen oder anderen politisch Verfolgten zu helfen. Später, während des Krieges, hatte das Ehepaar Scharf sogar den Mut, entflohenen Kriegsgefangenen, Polen und Russen, zu essen und zu trinken zu geben und die panisch Verängstigten in ihrer Wohnküche zu beruhigen. Meistens wurden die

Familie Scharf beim Görlitzer Fotografen, um 1938. Von rechts: Sohn Heinz Scharf, dessen Frau Liesbeth, die Töchter Else und Erna, Vater Ernst Scharf, vorne Mutter Ida Scharf

Herbert und Franz Michalski
in Görlitz, Sommer 1938

Franz Michalski am Görlitzer
Wilhelmsplatz im Herbst 1938

Flüchtigen noch am selben Tag in den umliegenden Wäldern des kleinen Gebirges gestellt und erschossen.

Mitte der dreißiger Jahre jedoch schauten die meisten Menschen in Deutschland noch ziemlich sorglos in die Zukunft. Erna war ein fröhliches Mädchen. Sie erfasste mit ihrem gesunden Menschenverstand auch den Witz so mancher scheinbar ernsten Situation, und sie hatte ein mitunter loses Mundwerk. Damit war Erna Scharf als Mitglied des Michalski-Haushalts wie geschaffen, denn zu Lillis Wesen gehörte ein ausgeprägter Hang zur Ironie, und Herbert liebte das Lachen. Es ging ihnen gut in dieser Zeit.

Meine eigene, wohl erste Erinnerung setzt etwas später ein, im Frühjahr 1938, als ich dreieinhalb Jahre alt war: Erna hatte jeden Sonntag Nachmittag frei und ging manchmal zum Tanz in das Restaurant auf der Landeskrone, dem Görlitzer Hausberg. Sie nahm mich mit, aus

Lilli Michalski (l.) mit Franz und Erna Scharf bei einem Ausflug 1939

Gutmütigkeit und vielleicht auch auf Bitten meiner Mutter. Und sie tat es immer wieder, obwohl ich des Öfteren auf die Tanzfläche rannte und versuchte, Ernas Tanzpartner von ihr wegzustoßen, und dabei laut zu ihm hinaufrief: „ICH heirate Erna!"

Der Raub der Existenz 1938

Der geschäftliche Erfolg wurde meinem Vater mehr und mehr geneidet. Stets ist es ein Teil des Geschäftslebens, dass Mitbewerber versuchen, den Aufstieg eines Konkurrenten zu behindern und möglichst rückgängig zu machen. Sie versuchen das, indem sie ihr Angebot ändern, die Preise senken, ihren persönlichen Einsatz steigern. Das ist mühsam und führt nur langsam, manchmal gar nicht zum Ziel. In einem Polizeistaat kann man sich diese Mühe sparen. Dort, wo Spitzeldienst und Denunziation von der Obrigkeit belohnt werden, wird man lästige Menschen durch Anschwärzen los.

Herberts Konkurrenten ließen bei Kundenbesuchen Bemerkungen über seine jüdische Ehefrau fallen. Der vom Staat geforderte Boykott jüdischer Geschäfte, so erwarteten sie, würde es den Kunden ratsam erscheinen lassen, bei anderen Lieferanten als bei den durch meinen Vater vertretenen zu bestellen. Aber sie irrten sich. Die meisten niederschlesischen Drogisten, Friseure und Apotheker wollten ihre Haarwaschmittel, Zahnpasten, Likóressenzen und Babynahrung weiter über Herbert Michalski beziehen. Sie unterrichteten Herbert vom Treiben seiner Konkurrenten. Natürlich gab es Ausnahmen. Aktive Parteimitglieder, Angehörige der Sturmabteilung, der SA, gab es auch in den Reihen „unserer" Kunden. Sie wandten sich von meinem Vater ab, und je mehr sich das Regime festigte, desto größer wurde ihre Zahl.

Lillis und Herberts Fröhlichkeit schwand mehr und mehr. Angst vor dem, was kommen könnte, begann ins Familienleben einzudringen. Noch war es weniger die Angst um die eigene Person als die Befürchtung, bei weiter rückläufigen Umsätzen würden die Hersteller mit ihrem Vertreter Michalski in Görlitz unzufrieden werden. Dann kam im Jahr 1938 der Schlag, unter dem Herberts Handelsvertretung zerbrach. Nach dem Krieg, am 22. April 1947, erklärte die Firma Hans Schwarzkopf in Berlin, einst tragende Säule von Herberts beruflicher Existenz, an Eides statt:

„Wir bescheinigen hiermit Herrn Herbert Michalski, daß er die Vertretung unserer Firma im Bezirk Niederschlesien, die er seit November 1933 innehatte, am 31. Dezember 1938 ohne Entschädigung aufgeben mußte. Dies ergab sich aus der Tatsache, daß seine Frau Volljüdin ist, und einige unserer damaligen Kunden des Görlitzer Bezirks die Absetzung von Herrn M. aus diesem Grunde verlangten. Als wir trotzdem Herrn Michalski unsere Vertretung weiterhin beließen, erschien eines Tages der Drogist Walter Neumann, Görlitz, Briesnitzer Str., in unseren Geschäftsräumen und forderte nachhaltig, daß wir Herrn Michalski die Vertretung entziehen. Herr Neumann ging sogar so weit, daß er uns unter Druck setzte mit dem Bemerken, unsere Firma in der seinerzeitigen Zeitung ‚Der Stürmer' anzuprangern, falls wir seiner nunmehrigen Forderung nicht nachkämen, Herrn Michalski die Vertretung zu entziehen."

Dass Schwarzkopf meinem Vater nahegelegt hatte, sich zur Rettung seiner Vertretung von meiner Mutter – wenigstens offiziell – scheiden zu lassen, wird in dieser eidesstattlichen Erklärung nicht erwähnt.

Die Erzeugnisse von anderen von meinem Vater in Niederschlesien vertretenen Unternehmen hatten zwar sein Sortiment angenehm abgerundet, aber die Unterhaltskosten von Familie und Handelsvertretung konnten sie nicht erbringen. Außerdem war abzusehen, dass auch diesen Firmen die Kündigung von Herberts Vertretungsvertrag abgepresst werden würde. Notgedrungen musste Herbert folglich alle Vertretungen, nicht nur die von Schwarzkopf, seinem Nachfolger Bernhard Baron übergeben, einem Mitglied der nationalsozialistischen Schutzstaffel, der SS (Dokument S. 112). Eine Entschädigung hat mein Vater nicht erhalten, weder für die kleineren Vertretungen noch für die Hauptvertretung Schwarzkopf.

Die Firma Schwarzkopf glaubte damals, nicht anders handeln zu können. Mehrere Firmen aus der Branche von Schwarzkopf waren im Jahr 1938 durch Rassehetzkampagnen des Parteiblatts „Der Stürmer“ bereits an den Rand des Ruins getrieben worden, allen voran das große Chemieunternehmen Beiersdorf in Hamburg. Der kaufmännische Leiter von Schwarzkopf, der Vertriebsdirektor Willy Weber, drängte jedoch die Eigentümer, meinen Vater nicht fallen zu lassen. Das Unternehmen bot ihm eine Angestelltenposition in der Außendienstleitung seiner Berliner Zentrale an. Herbert blieb keine andere Wahl, als anzunehmen, obwohl sein Einkommen nun erheblich unter dem lag, was ihm die Vertretung eingebracht hatte.

Gleich nach den Novemberpogromen 1938, als meine Eltern immer stärker um die berufliche und bürgerliche Existenz fürchten mussten und meine Tante Clärchen zwei Monate zuvor nach England ausgewandert war, bereiteten auch meine Eltern die Auswanderung vor. Durch Richards – heute unbekannte – Beziehungen zu katholischen Stellen bekamen sie organisatorische Hilfe. Ihr Ziel war die überwiegend von Deutschen und Deutschstämmigen besiedelte Stadt Blumenau im südbrasilianischen Bundesstaat Santa Catarina. Sie war ein Zentrum der

Herbert, Lilli und Franz bei einem Ausflug 1939

Textilindustrie und – wie wir heute wissen – fanatischer brasil-deutscher Nationalsozialisten. Meine Eltern betrieben die Auswanderung lustlos, als ein wohl notwendiges Übel. Berthold war verzweifelt bei der Befürchtung, mit der zweiten Tochter auch den Enkel für immer zu verlieren. Und Hedwig versuchte, Herbert zum Bleiben zu überreden, in der Erwartung, politisch würde es „schon nicht so schlimm" werden. Nur mein Onkel Richard riet eindringlich, „geht, solange es noch geht".

Es war eine Zeit quälender Ungewissheit. Weil meine Eltern nicht wissen konnten, ob der Antrag auf ein brasilianisches Visum erfolgreich sein würde, ob sie zum richtigen Zeitpunkt Schiffskarten bekommen könnten und was sie bei der Auswanderung an Hab und Gut würden mitnehmen dürften, sahen sie sich trotz der Emigrations-Vorbereitungen gezwungen, so zu handeln, als blieben wir in Breslau. Als sie im Frühjahr 1939 endlich Visa und Schiffskarten in den Händen hielten, hatten sie sich so stark aufs Bleiben eingestimmt, dass sie den – wie sie schon wenig später meinten – größten Fehler ihres Lebens begingen. Sie ließen den Dampfer von Bremerhaven ohne die Familie Michalski nach Südamerika abfahren.

Lilli (r.) mit Franz (Mitte) und Herberts Mutter Hedwig in Breslau 1939/40

Unsere getrennte Familie 1939 bis 1944

Anfang des Jahres 1939 mietete Herbert für uns eine Fünfzimmerwohnung in Breslau, unweit der Wohnungen von Hedwig Michalski und Berthold Brann. Unsere Adresse war ausgerechnet die „Straße der SA", Nr. 29, früher Kaiser-Wilhelmstraße, Ecke Goethestraße. Mein Vater nahm sich wegen seiner Arbeit bei der Firma Schwarzkopf in Berlin ein billiges möbliertes Zimmer in der Dragonerstraße nahe dem Berliner Alexanderplatz. Meine Mutter und mich glaubte er in Breslau sicherer aufgehoben. Herbert dachte dabei an seine Mutter Hedwig und seine Geschwister Frieda, Lucy und Richard mit ihren jeweiligen Familien, bei denen wir notfalls Schutz finden könnten. Erna kam nicht mit uns mit. Sie blieb in Görlitz und arbeitete im staatlichen Waggonbauunternehmen.

Firma Schwarzkopf in Berlin-Tempelhof um 1930

Inzwischen hatte mein Vater am 1. Februar 1939 seine Stellung bei Schwarzkopf in der Alboinstraße in Berlin-Tempelhof angetreten. Zur Kundschaft sollte er vorsichtshalber nur wenig Kontakt haben. Seine Aufgabe lag hauptsächlich in der Beschaffung von immer knapper werdenden Waren wie Benzin für die Firmenfahrzeuge oder Glasflaschen und Verpackungsmaterial. Zu diesem Zweck reiste er im Deutschen Reich, zu dem nun auch Österreich gehörte, und – wenig später – in den besetzten Ländern umher. Bei uns in Breslau war er nur am Wochenende, und das keinesfalls an jedem.

In Breslau war Lilli inzwischen mit uns Kindern dem staatlich angeordneten Antisemitismus in steigendem Maße ausgesetzt. Dass meine Mutter Katholikin geworden und aus der jüdischen Glaubensgemeinschaft längst ausgetreten war, bewahrte sie nicht davor, amtlich als „Volljüdin“ eingestuft zu werden. Wir Kinder waren „Mischlinge 1. Grades“.

Meine Mutter litt unter Herberts Abwesenheit umso mehr, als die antisemitischen Schikanen durch Behörden und Privatleute zunahmen:

- Alle deutschen Juden mussten ihre Kennkarte, in die ein gelbes „J" eingedruckt war, bis zum 31. Dezember 1938 beantragen. Da meine Mutter Jüdin war, hätte sie dies auf dem Amt in Görlitz tun müssen. Sie tat es jedoch nicht. Vielleicht dachte sie, dass die Verordnung für sie wegen ihres „arischen" Mannes nicht galt. Durch den Umzug nach Breslau, durch das Ab- und Anmelden bei den Görlitzer und Breslauer Ämtern fiel das auf. Meine Mutter wurde schriftlich aufgefordert, die neue Kennkarte zu beantragen. Sie ignorierte diese Aufforderung und fügte sich im März 1939 erst, nachdem sie einen Strafbefehl über 52,50 Reichsmark „oder zehn Tage Haft" hatte entgegennehmen müssen (Dokument S. 113).
- Das Einkaufen von Lebensmitteln wurde für meine Mutter mehr und mehr zur Qual. Im Milchgeschäft um die Ecke wurde sie stets als Letzte bedient, auch wenn sie längst vor anderen Kunden den Laden betreten hatte. Ich erinnere mich auch an die Fleischerei, in der wir anfangs zuvorkommend bedient worden waren, wobei Lilli und die Chefin freundliche Worte gewechselt hatten und ich nicht selten ein Würstchen geschenkt bekam. Bald ließ man auch dort meine Mutter unbemerkt an der Theke stehen, zog alle – auch lange nach uns eintretende – Kundinnen vor, und erst wenn außer uns niemand mehr im Geschäft war, forderte die Chefin oder die Angestellte meine Mutter mit einem ernsten Blick und stummem Kopfnicken auf, zu sagen, was wir haben wollten.

  Dort aber, wie auch beim Bäcker, bei der Gemüsefrau, dem Milchmann, wurde ich, das Kind, „normal" abgefertigt. Das führte schließlich dazu, dass nur noch ich allein Lebensmittel besorgte und deshalb eigentlich nur ich mich mit den Lebensmittelmarken und ihrem mitunter trickreichen Einsatz auskannte. Bei der „normalen" Behandlung habe ich manchmal Mitleid seitens der Verkäuferinnen gespürt, besonders wenn ich in späteren Jahren mit meinem zwei- oder dreijährigen Bruder Peter an der Hand den Laden betrat.

Franz Michalski (3. v. l.) mit Kindergruppe auf der Insel Wangerooge im Sommer 1938

- Obwohl meine Mutter in Breslau nicht mehr berufstätig war, sollte ein anderes Mädchen Ernas Stelle als Haushaltshilfe einnehmen. Den Abstieg vom wohlhabenden Geschäftshaushalt konnten meine Eltern nur langsam verarbeiten. Lilli stellte ein junges Mädchen nach dem anderen ein und entließ sie alle nach wenigen Wochen, manchmal schon nach ein paar Tagen. Die Mädchen waren frech, unpünktlich und faul. Sie „brauchten sich von Juden gar nichts gefallen zu lassen". Manche haben gestohlen, und wenn meine Mutter sie zur Rede stellte, hieß es: „Gehen Sie doch zur Polizei. Wir werden ja sehen, wem man mehr glaubt, einem BDM-Mädel oder einer Jüdin!" Schließlich gab sie resigniert auf.

Zu meinen glücklichen Erinnerungen an die Vorkriegszeit gehört der Name Wangerooge. Als kleiner Junge litt ich an einer chronischen und oft schmerzhaften Mittelohr-Entzündung. Meine Eltern folgten dem ärztlichen Rat meines Onkels Richard und gaben mich für jeweils drei Monate in den Sommermonaten 1938 und 1939 in die Obhut des katholischen Kindererholungsheims „Meeresstern" auf der

Franz Michalski (1. v. l.) auf der Insel Wangerooge
im Sommer 1938

Nordseeinsel Wangerooge. Ich war dort gern und erinnere mich an die liebevolle Betreuung durch die jungen Schwestern. Nach dem zweiten Nordseeaufenthalt ist die Krankheit nicht mehr aufgetreten.

Zwei Erlebnisse sind mir noch heute gegenwärtig: An einem windigen, aber sonnigen Tag spielte unsere Kindergruppe mit den Schwestern auf dem Vorgarten-Rasenplatz des Heims. Wir standen und saßen dicht am Jägerzaun, der das Grundstück vom Weg trennte. Plötzlich kam ein Pferdelastwagen auf dem Sandweg auf uns zugerast. Vorn auf dem Wagenbock – halb im Sitzen, halb im Stehen – versuchte der Kutscher vergebens, den durchgegangenen Gaul anzuhalten oder ihn wenigstens zu beruhigen. Gerade noch konnten die Schwestern in größter Eile uns Kinder wegscheuchen, bevor die Längsseite des Wagens den Holzzaun so heftig streifte, dass die Zaunlatten krachend übereinander fielen. Der Kutscher sprang vom rasenden Wagen und verletzte sich schwer. Das Pferd kam mit dem Anhänger in einiger Entfernung vom „Meeresstern" zum Stehen.

Gegen Ende August 1939 holten mich meine Eltern mit dem DKW-Auto von meinem zweiten Aufenthalt aus Wangerooge ab. Es ist ein weiter

Weg von der Nordsee bis nach Breslau, und die Autofahrt dauerte lange. Aber dieses Mal verdoppelte sich wohl die Reisezeit noch, weil unendlich viele Militärfahrzeuge in unserer Fahrtrichtung, also nach Osten unterwegs waren. Ich höre meine Eltern noch heute von Krieg reden, und ich spüre noch immer, wie niedergeschlagen ihre Stimmung während der ganzen Reise war. Das Gefühl einer Bedrohung habe ich deutlich gespürt.

Und dann kam der erste September, ein sonniger Spätsommertag. Ich erinnere mich, wie meine Mutter und ich auf unserem Balkon essen wollten, weil das Wetter so schön war. Wir mussten beobachten, wie eine endlose Wehrmachtskolonne, unter anderem mit Kanonen, über die große Prachtstraße unter uns durch Breslau zog. Meine Mutter weinte und weinte, und ich mit meinen noch nicht ganz fünf Jahren stand ihrem Weinkrampf völlig hilflos gegenüber. Vermutlich war dieses Erlebnis der Anfang meiner heftigen, aber vorübergehenden Essstörung. Ich habe sie immer mit dem Kriegsbeginn in Verbindung gebracht.

In den folgenden Wochen und Monaten habe ich oft höchst erregte Gespräche zwischen meinen Eltern gehört, wenn mein Vater am Wochenende zu Hause war. War meine Mutter während der Woche mit mir allein, erlebte ich sie oft in deprimierter und gereizter Stimmung. Ich verstand natürlich nicht, was los war, fühlte mich aber schuldig und wusste nicht, warum. Da habe ich aufgehört zu essen.

Während der Mahlzeiten, morgens, mittags, abends hat meine Mutter erst mit liebevollem Zureden und dann mit zorniger Strenge mich aufgefordert, die Marmeladenschnitte, die Kartoffelsuppe oder das Käsebrot zu essen, aber über kleinste Bissen kam ich nicht hinaus. Natürlich machte sie sich Sorgen, und in ihrer Ratlosigkeit hat sie mich mit einem Teller belegter Brote in einem Zimmer allein gelassen. Erst nachdem alles aufgegessen war, durfte ich den Raum verlassen. Entweder war ich stur und blieb stumpfsinnig vor dem Teller mit den Schnitten sitzen, bis meine Mutter die Geduld verlor, ins Zimmer kam und sich für dieses Mal voller Verärgerung geschlagen gab. Oder ich versteckte die Brotscheiben in der Nähmaschinen-Schublade und unter dem Teppich. Wenn ich dann das Zimmer mit dem leeren Teller verließ, erwarteten mich Lob und Freude. Aber nach der Entdeckung – manchmal erst Tage später – konnte ich mich nur durch ein In-mich-Verkriechen vor dem Zorn der Erwachsenen schützen, dem Zorn der Mutter, des Vaters am Wochenende und vor dem nicht ganz echten Zorn von Onkel Richard, den meine Mutter manchmal telefonisch herbeirief: „Ich werde mit dem Jungen nicht fertig.“ Zugegeben, appetitlich sahen sie nicht aus, die unter dem Teppich entdeckten Weißkäse-Schnitten. „Weißkäse“, das ist Quark auf Schlesisch.

Ich erinnere mich aber gern an unsere erste Zeit in Breslau, also an den Winter und an das Frühjahr 1939, eine Zeit, in der ich fröhlich und gern gegessen habe: Griesbrei oder warmen Vanillepudding in der Badewanne, ein Wiener Würstchen als Geschenk im Fleischerladen, eine halbe Semmel mit roter „Schmierwurst“ aus einem gläsernen Fach im Automaten-Restaurant am Tauentzienplatz oder an den Obstsalat in der italienischen Konditorei am selben Platz.

Im Herbst 1939 kam ich mit fünf Jahren in Breslau in einen katholischen Kindergarten. Die Schwestern in den Nonnenhauben waren zu allen Kindern freundlich und spielten mit ihnen. Nur ich wurde so lange von ihnen scheinbar unbeachtet in einer Ecke stehen gelassen, bis ich mich gegen Knüffe und Rempeleien anderer Kinder wehrte. Dann hauten mich die Nonnen auf den Hinterkopf und zerrten mich an den Armen. Während sie mich schüttelten, schimpften sie: „Du Judenbengel wirst unsere Kinder nicht schlagen!“

So lernte ich erstmals den Antisemitismus kennen.

Natürlich bemerkte Lilli meinen Widerwillen gegen den Kindergarten. Den Grund dafür konnte sie allenfalls ahnen, denn erzählt habe ich nichts. Ich hatte so viele Gespräche der Eltern untereinander anhören müssen, ich hatte so oft verzweifelte Stunden der Mutter erlebt, dass ich spürte, in meiner Familie war etwas, weswegen ich ein schlechtes Gewissen haben müsste und worunter meine Mutter besonders litt.

Sie brachte mich morgens in den Kindergarten und holte mich mittags dort auch wieder ab. Der tägliche Weg führte uns an einem

Franz Michalski auf dem väterlichen Schreibtisch
in der Breslauer Wohnung, Januar 1941

Klostergebäude vorbei, dessen Zellenfenster zur Straße hin vergittert waren. Auf einmal, im Frühsommer 1940, ging ich gern in den Kindergarten. Das Kloster war nämlich in ein Lager für französische Kriegsgefangene umgewandelt worden. Die Gefangenen ließen Luft und Sonne hinein und drängten sich wie Zootiere an den ebenerdigen Fenstergittern. Auf mich machten sie einen lustigen Eindruck; und wenn sie anerkennend hinter uns her pfiffen, war ich stolz auf meine Mutter und auf mich selbst. Lilli steckte den Gefangenen heimlich Zigaretten zu. Und auch als meine Mutter mich nicht mehr täglich zum Kindergarten begleitete, wurde ich auf meinem Weg stets mit großem Hallo von den französischen Soldaten begrüßt.

In diese Zeit fällt eine Erinnerung, die einerseits lustig ist und andererseits ein Schlaglicht auf den Einfluss der Propaganda wirft. Wir hatten in unserem Wohnzimmer, dem sogenannten Herrenzimmer, ein

Klavier, und es war der Ehrgeiz meiner Mutter, dass ich einmal ein guter Spieler werde. Als Fünfjähriger begann ich meinen Unterricht, und eine Lehrerin brachte mir während einiger Monate mehr schlecht als recht die Anfänge des Klavierspielens bei. Die Übungen fand ich langweilig und den Unterricht samt der Lehrerin lästig. Aber Spaß hat es mir gemacht, meiner bescheidenen musikalischen Fantasie nachzugehen und mir kleine Melodien auszudenken. Und sie fanden das Lob der Lehrerin. Zu einem Liedchen fiel mir auch noch ein – wie die Lehrerin meinte – hübscher Text ein. Auf dieses Lied war ich stolz, und ich trug es als Überraschung bei einem kleinen Familientreffen laut singend vor. Die Überraschung saß: Ich bekam spontan von meiner Mutter eine Ohrfeige und die Klavierlehrerin die Kündigung. Das Lied war eine kindlich-naive Hymne auf Hitler.

Meine Mutter gab ihr Ziel freilich nicht auf. Sie fand eine andere Lehrerin, mit der ich mich aufs Neue abquälte. Aber als es eines Tages hieß, die Klavierlehrerin könne vorerst nicht kommen, weil sie sich ein Bein gebrochen habe, vollführte ich einen solchen Freudentanz, dass auch meiner Mutter die Lust an meinem Klavierspiel verging.

Anfang 1940 wurde mein Vater zur Wehrmacht eingezogen und nach der Rekrutenausbildung als Kraftfahrer eingesetzt. Nach der Niederlage Frankreichs im Juni 1940 war er in Paris stationiert. Ein Jahr später wurde ihm die Beförderung in den Unteroffiziersrang in Aussicht gestellt, unter der Voraussetzung, dass er sich durch eine Ehescheidung zu „Führer und Reich" bekenne. Im Juni 1941 wurde er wegen seiner „nichtarischen" Ehefrau unehrenhaft aus der Wehrmacht entlassen. Das war sein Glück, denn seine Einheit wurde bald darauf an die Ostfront verlegt. Immer wenn Herbert sich später nach seinen Kameraden erkundigte, lautete die Antwort: „In Stalingrad gefallen". (Dokument S. 113)

Herbert erinnerte sich später nicht ungern an seine Militärzeit. Er hatte unter den Kameraden Freunde gewonnen, vor allem solche, die ebenfalls mit einer Jüdin verheiratet waren. Und die ein- oder zweiwöchigen Heimaturlaube gewährtem ihm und Lilli mehr gemeinsame Zeit in Breslau als die gelegentlichen Kurzbesuche von Berlin aus. Für meine

Lilli Michalski mit dem im November 1940 geborenen Peter, Breslau Anfang 1941

Eltern waren diese Wochen noch einmal eine kurze Zeitspanne bescheidenen Glücks.

Das große Glück kam am 21. November 1940 zu uns: Mein Bruder wurde geboren! Auch er wurde katholisch getauft, und zwar auf die Namen Peter und Hans. Meine Eltern nannten den Kleinen Pittchen. Er, der bald so fröhlich und ausdauernd lachte, verkörperte für sie die Zuversicht auf eine Zeitenwende: „Wenn Pittchen einmal Peter heißt, dann ist der Spuk zu Ende."

Ich bin sechs Jahre älter als mein Bruder, und als er „aus dem Gröbsten heraus" war, hat meine Mutter mir einen Teil der Verantwortung für ihn übertragen. Mir fiel es leicht, dem fröhlichen Knaben fröhlich zu begegnen, bei temperamentvollem Spiel in sein schrilles Kreischen lachend einzufallen, mit ihm und unserem großen Hund, dem Hasso, zu dritt also, auf dem Fußboden und unter Tisch und Bett herumzutollen. Ich fuhr meinen Bruder Peter gern mit der Kinderkarre aus, damals

Peter im Sportwagen, neben ihm Hund Hasso, Breslau im Frühjahr 1942

sagten wir „Sportwagen“, und er begleitete mich treu an der Hand zum Lebensmitteleinkauf.

Unserem Wohnhaus gegenüber, an der Ecke Straße der SA und Goethestraße, stand ein großes Bankgebäude. Das Haus befand sich hinter einer mächtigen halbmondförmigen, gewölbten Auffahrt, auf der so gut wie nie Autos vorfuhren. Dort konnte ich meiner Leidenschaft frönen, nämlich dem Rollschuhfahren. Pittchen saß auf der niedrigen Mauer der Auffahrt und lachte anerkennend, wie flott ich die Wölbung auf der einen Seite herunterrollte. Und er lachte schadenfroh, wie mühsam ich mich auf der anderen Seite die Wölbung wieder hinaufarbeitete. Nur eines nahm mein Bruder mir übel, nämlich wenn ich ihn ertappte, wie er in die Küche trollte, eine rohe Kartoffel stibitzte, sich gemütlich in eine Ecke hockte und sie voller Genuss mit oder ohne Schale verzehrte. Rohe Kartoffeln seien gefährlich, hatte mir unsere Mutter im Hinblick auf Pittchens Leibspeise eingeschärft.

Im Alter zwischen zwei und drei Jahren begleitete er mich gern beim „Hasso-Ausführen“. Hasso war unser Wachhund, ein ziemlich großer Airedale-Terrier. Er war der Nachfolger eines kleinen Drahthaar-Foxterriers, der meinen Eltern die Spaziergänge in Görlitz verschönt hatte. Hasso sollte meine Mutter und uns Jungen in Breslau vor Übergriffen

Lilli Michalski mit Hasso bei einem Spaziergang in Breslau, Winter 1942.

schützen. Wahrscheinlich hätte er, der Kräftige, aber Verspielte und Gutmütige, uns nicht schützen können. Auf die Probe ist er allerdings nie gestellt worden. Und als es für Hasso hätte ernst werden können, war er nicht mehr bei uns, weil zu der Zeit auch in Mischehen-Haushalten Haustiere nicht mehr erlaubt waren.

Meiner Mutter fiel es immer schwerer, mit Hasso auf die Straße zu gehen. Sie wurde angefeindet und beschimpft von Menschen, die sie kannten, die wussten, wer sie war, von Nachbarn, die es begrüßten, dass Juden keine Hunde mehr halten durften.

Mir war Hasso zu Hause ein Freund und Spielgefährte, aber unterwegs konnte ich Achtjähriger ihn nur so lange an der Leine halten, bis er begann, bellend mit der Straßenbahn um die Wette zu rennen. Mit der rechten Hand versuchte ich – vergebens – die stramme Hundeleine zu halten, mit der anderen, den Bruder nicht zu verlieren. Peter und ich haben jedes Mal lange warten müssen, bis Hasso, die Leine hinter sich herziehend und mit sichtlich schlechtem Gewissen, zu uns zurücktrollte. Als meine Eltern den Hund im Februar 1942 abgeben mussten, habe ich ihm nicht nachgetrauert. Meine Cousine Irmgard und mein Cousin

Die Geschwister Irmgard und Horst Signus – Horst in Napola-Uniform – in Breslau, 1940er-Jahre

Horst Signus in Mädchenkleidern seiner Schwester auf dem Balkon der Breslauer Wohnung, um 1943
Beide Privatbesitz Gisela Signus, Verden

Horst aber haben Hasso vermisst. Sie waren die Kinder meiner Tante Frieda, der älteren Schwester meines Vaters. Irmgard, 1941/42 um die 17, Horst um die 14 Jahre alt, besuchten uns nicht zuletzt wegen des Hundes gern. Sie tobten und tollten mit ihm, nahmen ihn mit auf die Straße und in den Südpark, und sie brachten viel Lachen in unsere Wohnung.

Am meisten amüsierten sie sich über sich selbst und über die Absurdität, dass sie uns in BDM- und Hitlerjugend-Uniform besuchen kamen. Meiner Mutter fiel dabei das Mitlachen nicht leicht. Einmal jedoch gelang es Horst, seine Tante Lilli zu einem herzhaften und langen Lachen zu verführen. Da kam er allein und brachte doch seine Schwester mit: Er hatte sich so täuschend echt, auch mit Hilfe von zwei Tennisbällen, in das BDM-Mädel Irmgard verwandelt, dass wir ihn nur an seinem Lachen erkannten. Er konnte es ebenso wenig zurückhalten wie nun auch meine Mutter.

Herbert Michalski mit seinen Söhnen im Sommer 1941

Im Herbst 1941 wurde ich in der nächstgelegenen Volksschule eingeschult. In der Klasse habe ich keinen Antisemitismus erlebt. Der Lehrer hat mich zwar mit dem Rohrstock auf die Handfläche oder aufs Gesäß geschlagen, wenn ich das Alphabet oder das Einmaleins nicht fehlerfrei beherrschte, und das hat jedes Mal verdammt weh getan, aber meine „arischen" Kameraden haben das ebenso erlitten.

Nach der Militärentlassung im Juni 1941 nahm mein Vater seine Arbeit in Berlin wieder auf. Er wechselte sein Quartier und bezog ein schönes möbliertes Zimmer in der Nähe des Kurfürstendamms, in der Wohnung von Paula Ehrenreich in der Mommsenstraße 69. Nun lag – mehr noch als vor seiner Soldatenzeit – der Schwerpunkt seiner Tätigkeit in der Beschaffung von Treibstoff. Dafür erhielt er eine amtliche Bescheinigung (Dokument S. 114), die ihm auch während des Krieges Reisen durchs ganze Reich gestattete. Er begann, in Berlin und unterwegs behutsam ein Netz von Bekanntschaften mit Menschen zu knüpfen, die sich als Antifaschisten zu erkennen gaben.

Gerda Mez (l.) mit ihrer Schwester Luzie 1935 in Berlin
Privatbesitz Dr. Lutz Mez, Berlin

Zu diesen gehörte Gerda Mez, eine Mitarbeiterin bei Schwarzkopf. Herbert hatte sie vor dem Krieg in der Firmenzentrale kennengelernt. Er spürte ihren Hass auf die Nationalsozialisten. Gerda Mez war im Außendienst von Schwarzkopf in Berlin beschäftigt. Ihr jüdischer Verlobter Julius Gerson glaubte, im Freistaat Danzig sicherer leben zu können. Als er 1938 dorthin übersiedelte, ließ sich Gerda von ihrer Firma auch nach Danzig versetzen. Aber Gerson fühlte auch dort die drohende Gefahr. 1939 bot sich ihm die Gelegenheit, nach Palästina zu entkommen. Sofort mitzureisen war Gerda nicht möglich, und ihrem Geliebten nachfolgen konnte sie nach Kriegsausbruch nicht mehr. Die Nationalsozialisten hatten Gerdas Glück zerstört, nicht aber ihren Mut gebrochen. Die Siebenundzwanzigjährige war entschlossen, das Regime zu bekämpfen.

Als Anti-Nazi begegnete mein Vater auf seinen Beschaffungsreisen auch dem Ehepaar Muth und ihrem Schwiegersohn Marquis de Respaldizza, einem etwas schillernden Mann. Nicht nur seine Schwiegereltern bezweifelten die Echtheit seines französischen Adelstitels. Sie stimmten seiner Heirat mit ihrer jungen Tochter nur zu, weil diese schwanger war. Vielleicht etwas hochstapelnd – so schien es jedenfalls meinen Eltern – hatte der etwa fünfunddreißigjährige Mann mit dem glatten schwarzen Haar und dem strichdünnen Oberlippenbart in die Familie Muth, Besitzer des Schlosses Poppendorf im Dreiländereck Österreich, Ungarn, Slowenien eingeheiratet. Die Muths hatten eine Zahnpastenfabrik in Berlin betrieben. Als diese den Bomben zum Opfer gefallen war, hatten sie das Schloss Poppendorf bei Gleichenberg, etwa sechzig Kilometer südöstlich von Graz, als Wohnsitz und Produktionsstätte mieten können. Einen anderen Zweig der Familie Muth kannte Herbert schon aus der Görlitzer Zeit. Als Zeugen Jehovas standen diese dem NS-Regime sehr distanziert gegenüber, und Herbert vertraute ihnen.

Meine Schulzeit aber war mitten im zweiten Grundschuljahr beendet. Mit Beginn des Jahres 1943 durfte ich als „Mischling“ keine Schule mehr besuchen. Mein Vater hatte während seiner Schulzeit vor 20 Jahren die besondere Zuwendung seines Klassenlehrers Fiedler erfahren, und ein loser Kontakt blieb zwischen ihnen auch nach Herberts Schulabschluss erhalten. Fiedler, inzwischen ein alter Herr, wohnte in unserer Nachbarschaft. Er war bereit, sich um mich in seiner dunklen Wohnung voll staubiger Bücher und ausgestopfter Vögel als Privatlehrer zu kümmern. Dass er sich dabei in schiefes Licht bei seinen Haus-Mitbewohnern und dem Blockwart, dem Partei-Beauftragten für dieses

Haus, bringen konnte, schien ihn und seine Frau nicht zu kümmern. Aber auch meine Schulbildung kümmerte ihn wenig. Statt mich zu unterrichten, erklärte er mir ausführlich seine Schmetterlingssammlung und ließ vor allem mich reden, und zwar darüber, was mir das Leben verschönte, das Rollschuhfahren etwa oder die Aufzucht eines winzigen Eichenbäumchens auf dem elterlichen Balkon. Manchmal murmelte der alte Mann und sah dabei mit Tränen in den Augen nicht mich, sondern seine gebeugt neben seinem Ohrensessel stehende Frau an: „Junge, ich sag's dir jetzt, hoffentlich überlebst du das, was bald kommen wird."

Meine Mutter machte sich große Sorgen um mich, um meine Bildung, um die fehlenden Sportstunden, um meine Beschäftigung während der unendlichen „Freizeit". In Rechnen und Schreiben versuchte sie, die Rolle der Lehrer zu übernehmen, und sie meldete mich in einer privaten Gymnastik- und Ballettschule an. Die Schule lag im ersten Stock eines prachtvollen wilhelminischen Hauses am Hindenburgplatz, ganz in der Nähe unserer Wohnung. Die Gymnastiklehrerin war laut und kühl, aber zu mir nicht unfreundlich. Ich war der einzige Junge inmitten einer großen Mädchengruppe. Ein paar Mal ging ich meiner Mutter zuliebe dorthin. Aber lange habe ich es nicht ausgehalten, das Ausgelachtwerden durch die Mädchen, das peinliche Kleiderwechseln in ihrer Mitte, ein gewisses Flüstern sowie – tatsächliche oder eingebildete – antisemitische Anspielungen.

Oft hat meine Mutter mich losgeschickt, Tante Lucy, die zweite Schwester meines Vaters „im Betrieb" zu besuchen. Ihr Betrieb war die landwirtschaftliche Hauptgenossenschaft in der Schweidnitzer Straße, zwanzig Minuten von uns entfernt. Dort arbeitete Lucy als Telefonistin, und ich durfte manchmal nach Lucys Anweisung ankommende Gespräche durch Umstecken der Leitung mit dem gewünschten Teilnehmer verbinden. Tante Lucy und ich, wir verstanden uns gut, und wir hatten beide dieselbe Vorliebe für rohes Sauerkraut. Fast täglich aß Lucy aus einem von zu Hause mitgebrachten Kochgeschirr kaltes, rohes Sauerkraut, in das sie einen Apfel geschnitten hatte. Bei meinen Besuchen teilte sie dieses Mittagessen mit mir.

Richard Michalski um 1950

Dass ich mich so oft und so lange in dieser Telefonzentrale aufhalten durfte, verdankte ich dem Direktor, einem Herrn Wudtke, der nicht nur seine Mitarbeiterin Lucy Vorpahl gut leiden mochte, sondern Ende der zwanziger Jahre der Vorgesetzte meines Vaters bei der Genossenschaft in Oels gewesen war.

Hin und wieder kam Erna Scharf aus Görlitz zu Besuch. Sie wohnte dann bei uns und ging jeden Tag ihre Schwester Else in einer Breslauer Nervenheilanstalt besuchen. Else Scharf hatte bei ihren Eltern auf dem Hof in Thiemendorf gelebt. Als ihr Verlobter in Polen gefallen war, wurde Else damit nicht fertig. Sie flüchtete sich in geistige Umnachtung und wurde in die Heilanstalt in Breslau eingewiesen. Dort besuchten wir, meine Mutter und ich, sie sonntags und brachten ihr zusätzliches Essen. Sie hat die Zeit in der Anstalt überlebt. Sehr viel später, nach dem Krieg, versuchte Else noch einmal, ein normales Leben zu führen. Sie heiratete einen Thiemendorfer und bekam Kinder. Schließlich hat sie aber vor den Erinnerungen kapituliert und ihr Leben selbst beendet.

Wenn Erna nach Breslau zu Besuch kam, wurde meine Mutter fröhlich. Denn Erna verjagte die Einsamkeit. Lillis Beziehungen waren auf einen kleinen Kreis von Verwandten geschrumpft: ihren Vater Berthold und seine Frau Liesbeth, Herberts Mutter Hedwig und seine Geschwister Frieda, Lucy und Richard mit ihren Familien. Es war einsam geworden um die rassistisch Verfolgten, die sich sogar gegenseitig aus dem Weg gingen, vielleicht, um sich nicht auch noch mit dem Leid anderer auseinandersetzen zu müssen.

Nur mit Eva Parik entwickelte sich eine freundschaftliche Verbindung. Auch sie war Jüdin, und sie war mit einem christlichen Mann, Ferry aus Prag, verheiratet. Sie hatten einen Sohn, Jan, der zwei Jahre jünger war als ich. Der Weg zwischen uns war kurz, denn sie wohnten nur zwei Häuser von uns entfernt. Mit Eva Parik traf sich Lilli oft. Die Ehepaare saßen gelegentlich zusammen, und wir Kinder spielten zu dritt: Jan, das viel jüngere Pittchen und ich.

Es gab vieles, über das die Pariks und Michalskis im Breslau der Jahre 1942 und 1943 sprachen. Über die Judenkennkarte, die man nicht vorwies, über den Judenstern, den man nicht trug, die Arbeitsamt-Meldepflicht für Juden, der man nicht nachkam. Man litt gemeinsam unter der Diskriminierung bei der Lebensmittelzuteilung. Jeder musste seine Lebensmittelkarte bei der „Sonderstelle für Juden" persönlich abholen. Von gelegentlichen Sonderrationen für die Breslauer Bevölkerung waren die sogenannten jüdischen Haushalte ausgeschlossen. Das Radio musste abgeliefert werden. Das Telefon wurde gesperrt: 1940 in Haushalten, in denen überwiegend Juden lebten, später auch in Haushalten von „Mischehen". Die Ehemänner wurden in immer kürzeren Abständen zur Gestapo bestellt und dort dem Druck ausgesetzt, sich von ihren jüdischen Frauen scheiden zu lassen.

Pariks überlebten schließlich im tschechisch-slowakischen Untergrund und blieben bis zum Ende des „Prager Frühlings" 1968 in Prag. Jan Parik war zu dieser Zeit bereits ein international erfolgreicher Fotograf.

Elektrizität und Gas wurden auf ein Minimum beschränkt. Am 25. Januar 1943 schrieben Dr. Georg „Israel" Kohn und Fritz „Israel" Lasch, die bedauernswerten, von der Gauleitung eingesetzten Leiter der

Bezirksstelle Schlesien der Reichsvereinigung der Juden in Deutschland, Verwaltungsstelle Breslau, an meine Eltern:

> „In der Anlage übersenden wir Ihnen ein auf Veranlassung unserer Aufsichtsbehörde, der Geheimen Staatspolizei-Leitstelle Breslau, herausgegebenes Rundschreiben betr. Beschränkung des Gas- und Strombezuges für jüdische Haushaltungen mit dem Bemerken, daß dieses Rundschreiben lt. ausdrücklicher Anweisung der Gauleitung der NSDAP Niederschlesien für alle Haushaltungen, denen eine volljüdische Person im Sinne der gesetzlichen Bestimmungen angehört, gilt, also auch für Ihren Haushalt".

(Dokument S. 114)

Das Rundschreiben „betr. Einsparung von Gas- und Stromverbrauch" liest sich nicht weniger bürokratisch als das obige Anschreiben. Es heißt darin aber unter anderem deutlich:

> „c) Zur Einsparung an Kochgas sind in allen Hauhaltungen Kochkisten durch Auspolsterung mit Stroh und anderem Material sofort herzurichten. Es wird dringend empfohlen, einmal täglich warmes Essen durch die Gemeinschaftsspeisung Neue Graupenstr. 1-4 (Kameradenspeisung) zu beziehen und dieses Essen in der Kochkiste warm aufzubewahren.
>
> d) In jeder Wohnung ist ein gemeinschaftlicher Aufenthaltsraum einzurichten, in dem sich alle Insassen der Wohnung bis zum Schlafengehen aufzuhalten haben, und in dem ausschließlich Licht (natürlich im sparsamsten Umfang) bis 20 Uhr gebrannt werden darf."

(Dokument S. 115 und 116)

Die „Kameradenspeisung" in der Neuen Graupenstraße gab es übrigens in einem der „Judenhäuser", unweit des Sterbehauses meines Großvaters Berthold.

Am 27. Dezember 1943 kam ein Schreiben der Reichsvereinigung der Juden mit der Unterschrift von Erwin „Israel" Ludnowsky. Dr. Georg Kohn und Fritz Lasch waren inzwischen ins Konzentrationslager verschleppt worden.

> „Auf Veranlassung der Gauleitung ersuche ich Sie, dem Wohnungs- und Liegenschaftsamt (Quartieramt) Breslau, Junkernstr., für den Fall, daß das Quartieramt Räume Ihrer Wohnung beschlagnahmen sollte, mitzuteilen, daß Sie in privilegierter Mischehe leben, und eine Beschlagnahme nicht erfolgen kann, da Ihnen die Wohnung von der Gauleitung zugewiesen worden ist."

(Dokument S. 117)

Tatsächlich war die Wohnung längst von der Gauleitung besichtigt und beschlagnahmt worden. Sie wurde uns lediglich noch zur vorläufigen Nutzung überlassen. Dass wir sie überhaupt noch bewohnen durften, mag daran gelegen haben, dass in Breslau keine Wohnungsnot herrschte, denn die Stadt war bis dahin von Bombardierungen weitgehend verschont geblieben. Fliegeralarm gab es gelegentlich, und wir mussten dann, meistens mitten in der Nacht, einen immer vorbereiteten Koffer in der Hand, in den Luftschutzkeller unseres Hauses eilen, in dem wir dicht gedrängt zwischen den Bewohnern unseres und des Nachbarhauses auf einer Bank sitzend die Entwarnung abwarteten. Oft kam die Entwarnung bald, und es schien blinder Alarm gewesen zu sein. Aber es kam auch vor, dass Brandbomben fielen. Dann liefen ein, zwei Hausbewohner auf den Dachboden und sahen nach, ob unser Haus getroffen war. Ich lief mit, und ich erinnere mich, dass ich einmal eine längliche, hinten geflügelte Brandbombe entdeckt und in einen stets bereitstehenden Kübel mit Sand gesteckt habe.

Der Aufenthalt im Luftschutzkeller war für uns noch unangenehmer, als für die anderen. Wir fühlten uns von den Nachbarn scheel angesehen und glaubten, ihre flüsternden Gespräche drehten sich um uns. Als ich die Brandbombe unschädlich gemacht hatte, bekam ich von den Nachbarn peinliches Lob: „Dass so einer wie du ..."

Der Polizist Alfons Thienelt

Die Karteien und Akten über Juden, die aus ihren Wohnungen vertrieben und schließlich deportiert werden sollten, wurden unter anderem von dienstverpflichteten Polizisten geführt. Ein solcher war Alfons Thienelt, der im Privatleben Schneider von Beruf war. Er hatte ein lahmes Bein und wurde deshalb nicht zur Wehrmacht eingezogen, sondern zum Bürodienst bei der Polizei verpflichtet. Er verabscheute die Nationalsozialisten, und ausgerechnet er musste seine Schreibtischarbeit bei der Gestapo leisten. Dadurch aber wurde er zu einem unserer Lebensretter.

Alfons Thienelt teilte die politische Einstellung mit meinem Onkel Richard, der nicht nur meiner Mutter wegen die Nationalsozialisten verabscheute. Die beiden waren schon als Kinder Freunde, hatten als Jungen gemeinsam als Ministranten in ihrer katholischen Kirche gedient. Als der Krieg ausbrach, waren sie Mitte dreißig. Neben ihrer Freundschaft hatten Alfons und Richard während des Krieges auch einen beruflichen Berührungspunkt: die Polizei. Mein Onkel war niedergelassener Arzt. Daneben wurde er als Polizeiarzt verpflichtet.

Alfons Thienelt hat uns geholfen, indem er immer wieder unsere Akte verschwinden ließ und die Karteikarten unserer Familie nach hinten steckte. Im Frühjahr 1943, mein Bruder war zweieinhalb und ich acht Jahre alt, riet Thienelt meinen Eltern, sich darauf einzurichten, demnächst für ein paar Tage „spontan" zu verreisen. Schnell wurden Peter und ich von unserer Mutter nach Schreiberhau ins Riesengebirge gebracht, in ein Kinderheim der Ursulinen. Dort glaubten unsere Eltern, uns für längere Zeit sicher untergebracht und sich damit die für eine Flucht notwendige „Freiheit" verschafft zu haben.

Die Brüder Peter (l.) und Franz 1943

In Sicherheit waren wir Kinder vielleicht bei den Ursulinen. Aber die frommen Ordensschwestern haben uns „Judenlümmel" terrorisiert. Es gab Püffe, Katzenköpfe, Schubsen und Stoßen, Beschimpfungen und antisemitische Beleidigungen und auch Essensentzug. Die Anlässe waren so banal, dass ich mich an keinen erinnern kann. Ein Ereignis aber war wirklich bedeutsam, mit besonders unangenehmen Folgen. Während eines Zornesausbruchs der Schwestern flüchtete ich mit meinem Bruder aus dem Haus. Ich wollte mit ihm zum Bahnhof rennen, ohne Geld, ohne Fahrkarte. Zwei junge Schwestern holten uns noch auf dem Heimgrundstück ein und zerrten Peter und mich zurück. Als Strafe befahlen die Schwestern, ich selbst sollte meine Eltern in einem Brief über mein „unverschämtes" Verhalten unterrichten. Stattdessen schilderte ich den wahren Vorgang und die Misshandlung, gab den Brief aus Angst aber nicht ab, sondern warf ihn stark zerrissen in den Papierkorb. Danach schrieb ich auf einer Postkarte einen kurzen Text an unsere Mutter. Es war mein Ruf nach Hilfe und Erlösung, geschrieben in scheinbar harmlosen Wörtern, die unsere Mutter mir als Verschlüsselungen für Notfälle beigebracht hatte.

Die frommen Kinderschwestern haben die Schnipsel aus dem Papierkorb wie ein Puzzle zusammengeklebt und mich schrecklich fertiggemacht. Die Postkarte aber sandten sie ab, und meine Mutter holte uns sofort zurück nach Breslau. Weil wir uns verfolgt fühlten, fuhren wir nicht direkt nach Hause, sondern wechselten mehrmals den Zug, so zum Beispiel in Warmbrunn (Dokument Lilli Michalskis Postausweis S. 117).

Weil die akute Gefahr in Breslau erst einmal vorüber war, wie uns Alfons Thienelt informierte, konnte die Familie vorerst zu Hause bleiben. Im Herbst 1943 meldete Alfons Thienelt über Richard erneut „dicke Luft". Intern war eine Sonderaktion angekündigt worden, die sich auch auf Kinder aus sogenannten Mischehen erstrecken sollte. Eilig packte Lilli das Nötigste in zwei kleine Koffer. Herbert kam mit der Bahn von seiner Arbeitsstelle in Berlin und holte meine Mutter, meinen Bruder und mich ab. Um meinen Vater in der Mommsenstraße nicht zu gefährden, schliefen Lilli, Pittchen und ich in den nächsten drei Monaten in oft wechselnden, möglichst unauffälligen kleinen Hotels und Pensionen in Berlin, zumeist in Alexanderplatz-Nähe. Tagsüber hielten wir uns überwiegend auf belebten Straßen, auf Bahnhöfen, etwa dem quirligen Anhalter Bahnhof und in Bierschwemmen ähnlichen Lokalen auf, zum Beispiel bei Aschinger. Sehr selten konnte es mein Vater wagen, die Familie zu sich nach Tempelhof in die Firma kommen zu lassen. Waren wir aber dort, gab es für uns Kinder Kuchen und Kakao, zubereitet von einer freundlichen Sekretärin.

Manchmal besuchte uns die „alte" Frau Schwarzkopf heimlich in unserem Hotel und brachte Süßigkeiten mit. Martha Schwarzkopf war die Mutter der drei Schwarzkopf-Söhne, die die Firma führten. Sie hatte nach dem Tod ihres Mannes und Firmengründers Hans Schwarzkopf 1921 das Unternehmen geleitet, bis ihre Söhne es übernahmen. Lilli und Martha Schwarzkopf hatten seit der Görlitzer Zeit ein gutes Verhältnis zu einander.

In der Adventszeit veranstaltete die Firma Schwarzkopf eine Weihnachtsfeier für die Kinder der Mitarbeiter. Ich erinnere mich daran, dass eine Fabrikhalle zum Festsaal ausgeschmückt war, mit einem riesigen Tannenbaum mit viel Lametta und kleinen Kerzen, mit einem langen Packtisch, auf dem Pfefferkuchen und Marzipankartoffeln auf bunten Papptellern angeboten waren. Ich erinnere mich an viele, viele Kinder, die auf Bürostühlen um den großen Tisch herumsaßen, und ich sehe noch den Weihnachtsmann vor mir, der aus einem Sack Geschenke für alle Kinder verteilte, Spielzeugkanonen und -panzer aus Blech, Kriegsschiffe aus Blei, Soldatenfiguren aus Pappmaché. Der Weihnachtsmann war freundlich, aber trug keinen Bart und keinen roten Mantel, sondern eine zu dieser Zeit moderne schwarze Uniform: die der SS!

Insgesamt waren es scheußliche drei Monate, Monate der Angst, der Langeweile, des Herumirrens im nasskalten Wetter und schließlich des Hungers. Die letzten noch in Breslau für einen solchen Notfall gesparten Lebensmittelmarken waren gerade verbraucht, als Alfons Thienelt über Richard für dieses Mal Entwarnung gab. Am Ende des Jahres 1943 waren wir wieder in unserer Breslauer Wohnung. Sofort bereiteten meine Eltern den endgültigen Schritt in die Illegalität vor. Herbert erlangte von seinem Arbeitgeber Schwarzkopf die Zustimmung, ein Außenlager der Firma im niederschlesischen Naumburg an der Queis (ca. 120 km westlich von Breslau gelegen) zu nutzen. Über Monate hinweg packte Lilli eine Kiste nach der anderen, die einzeln von der vertrauenswürdigen Breslauer Spedition Johann Boldt abgeholt und nach Naumburg gebracht wurden. Die Kisten enthielten den größten Teil unseres Hausrats, von Lillis Pelzmänteln über silberne Essbestecke bis zu meinen Rollschuhen und Pittchens Kinderbett. Es waren insgesamt zehn große Kisten. Weil auch Herberts Auto, ein DKW, in Naumburg für bessere Zeiten versteckt werden sollte, war das Lager nach sieben Kisten voll. Die restlichen drei Kisten wurden von derselben Spedition nach Thiemendorf bei Görlitz gebracht: Zwei kamen in die Scheune des mit uns befreundeten Bauern Ernst Scharf, Ernas Vater, und die letzte wurde im Mehllager des Bäckermeisters Kurt Mühle, einem Freund von Scharf, untergestellt.

Ich habe von der Unruhe des Einpackens und Abtransportierens wochenlang gar nichts gespürt, denn ich war nicht zu Hause. Meine Tante Lucy war chronisch krank. Seit der Geburt ihres Sohnes Wolfgang 1926 litt sie zunehmend unter einer schweren Arthritis an Händen und Füßen. Anfang 1944 war ihr eine Kur verschrieben worden in einem Sanatorium in Krummhübel, einem Bergstädtchen und Erholungsort hoch oben im Riesengebirge, nahe der Schneekoppe. Tante Lucy nahm mich mit, denn ich ging ja nicht in die Schule, und so verbrachte ich mit meiner Tante herrliche Winterwochen in den Bergen. Ein Teil „unseres" Sanatoriums sowie umliegende Häuser waren Lazarette. Sie beherbergten Soldaten, die dort die letzten Folgen ihrer Verwundung ausheilen sollten. Unter ihnen waren sehr junge Männer, die meine großen Brüder oder Vettern hätten sein können und die sich bereits wieder so gesund fühlten, dass sie riesige Schneemänner bauten, ausgelassene Schneeballschlachten machten und mit Schlitten oder auf Skiern zu Tal fuhren. Ich durfte alles mitmachen, und wenn es ans Skifahren ging, fand sich immer ein Bursche, der mich vor sich auf seine Bretter stellte und mich so lange festhielt, bis wir beide unter großem Gelächter umfielen.

Am Nachmittag, wenn es kalt und dunkel wurde, nahmen mich die jungen Soldaten mit in ihre Stube. Dort wurde viel gelacht und gealbert. Manchmal spielten sie Brettspiele, und ich durfte mitmachen. Oder einer spielte auf der Mundharmonika und andere sangen mit. Und immer gaben sie mir zum Abschied ein Stück Kommissbrot mit, worüber sich Tante Lucy besonders freute, weil die Lebensmittelrationierung auch im Sanatorium spürbar war.

Als ich wieder zu Hause war, habe ich meiner Mutter natürlich beim Kistenpacken geholfen. Die seltsamsten Sachen wurden eingepackt, zum Beispiel der gusseiserne Fuß und die glänzende Blechspitze des Weihnachtsbaums, aber auch ein großer Teil meiner Bücher. Weil ich viel Zeit hatte, habe ich während der letzten Breslauer Jahre viele Bücher aus unseren Regalen gelesen. Zuerst waren es Märchen, vorzugsweise von Andersen und Hauff. Danach aber bestand meine Lektüre merkwürdigerweise überwiegend aus Büchern, die von der NS-Propaganda

Ein Teil unserer Flucht spielte sich zwischen Görlitz und Tetschen-Bodenbach ab.
Ausschnitt aus der Postleit-Gebietskarte, Gea Verlag Albers, Berlin 1944

gefördert worden waren: Peter Roseggers „Als ich noch ein Waldbauernbub war“, Kapitän Priens Bericht über „Scapa Flow“, Bücher über den Kampf irischer Rebellen gegen England um einen irischen Freistaat, Bücher über die Burenkriege, über den Großen Treck und den Oranje-Freistaat, über die Gründung Transvaals und über Ohm Krüger. Ich kann heute nicht erklären, ob Vater oder Mutter diese Bücher anschaffte. Ich habe sie damals sehr gerne gelesen.

Unser Untertauchen zwischen Oktober 1944 und Mai 1945

Im Oktober ging es Schlag auf Schlag. Nun war der Zeitpunkt zum Untertauchen gekommen, auf den sich meine Eltern schon so lange vorbereitet hatten. Unsere Familie sollte nicht auseinandergerissen werden. Lilli bekam in Breslau zum wiederholten Mal den Gestellungsbefehl zur Zwangsarbeit (Dokument S. 119). Herbert hatte auf seine zweite entsprechende Aufforderung in Berlin nicht reagiert (Dokument S. 118). Die Polizei suchte ihn, er musste verschwinden. Auch Lilli ist der Aufforderung des Amtes nicht nachgekommen.

Alfons Thienelt meldete Mitte Oktober 1944 meinem Onkel Richard höchsten Alarm. Er konnte nichts mehr hinauszögern. Es gab kaum noch Karteikarten, hinter denen er unsere hätte verstecken können. „Am 17. Oktober gegen 15.30 holt die Gestapo deine Verwandten“ – lautete seine Warnung.

Unsere Eckhaus-Wohnung hatte zwei Treppenhäuser und zwei Eingänge, den Haupteingang und den Dienstmädchen-Eingang hinter der Küche. Der 17. Oktober 1944 war mein zehnter Geburtstag. Meine Mutter deckte zum Schein den Kaffeetisch mit Kuchen, brennenden Kerzen und warmem Kakao. Sie hatte schon vorher die Zutaten hierfür gespart. Als die Gestapo an der Vordertür klingelte, rannten wir durch den anderen Ausgang die Treppe hinunter auf die Straße und zum nahe gelegenen Breslauer Hauptbahnhof. Durch den Geburtstagstisch und den warmen Kakao ließen sich die Häscher zunächst täuschen. Das

Breslauer Hauptbahnhof, Postkarte um 1935
Sammlung Dr. Alfred Gottwaldt, Berlin

sicherte uns den erhofften Vorsprung. Am Bahnhof erwartete uns, wie von meinem Vater geplant, Gerda Mez. Die Reise sollte in unser von Herbert vorbereitetes Versteck gehen.

Weil mein Vater es nicht wagen konnte, nach Breslau zu fahren und uns abzuholen, hatte Gerda Mez sich angeboten, diese auch für sie lebensgefährliche Aufgabe zu übernehmen. In den Zügen gab es neben den Fahrscheinkontrollen immer auch Ausweiskontrollen. Die Suche nach Deserteuren und nach Mitverschwörern des gescheiterten Attentats auf Hitler nach dem 20. Juli 1944 war für Juden gefährlich, weil sie Züge nicht benutzen durften. Gerda Mez war mit der Eisenbahn von Berlin nach Breslau gekommen und begleitete uns nun auf der Bahnfahrt nach Österreich. Zur gleichen Zeit nahm mein Vater von Berlin aus die Bahn, um zu dem gemeinsamen Treffpunkt ins Schloss Poppendorf in der Steiermark zu gelangen. Für seine Flucht benutzte er seine Reiseberechtigung der Firma Schwarzkopf.

Ohne Gerda Mez' Hilfe hätten wir die Fahrt nicht unentdeckt beenden können. Der Zug war überfüllt. Lilli stand mit uns Kindern Stunde um Stunde im Gang, eingezwängt dicht neben Gerda. Unterwegs stiegen

Feldgendarmen ein, Militärpolizisten, die die Papiere der Reisenden kontrollierten. Meine Mutter durfte ihre Kennkarte mit dem „J" auf keinen Fall vorzeigen. Als die Reihe an ihr war, zeigte Gerda ihren Pass, auf dem deutlich ihr breitflächiges, von blondem Haar umrahmtes Gesicht zu erkennen war. Aber sie trug, was der damaligen Mode entsprach, genauso wie Lilli ein unter dem Kinn verknotetes Kopftuch. Nachdem sie ihren Pass aus der Hand des Militärpolizisten zurückerhalten hatte, steckte sie ihn – im Gedränge unbemerkt – meiner Mutter zu. Keiner der beiden kontrollierenden Feldgendarmen merkte die Täuschung. Wegen des Kopftuchs sahen sie nicht, dass die dunkelhaarige Lilli mit ihrem schmalen Gesicht niemals mit dem Foto auf Gerdas Ausweis identisch sein konnte. Und gelesen haben sie die Namen der vielen Kennkarten und Reisepässe, die sie an diesem Tag zu überprüfen hatten, offenbar nicht (Dokument S. 120).

Vor dem verschneiten Bahnhof Feldbach in der Steiermark nahm uns mein Vater mit einem Pferdeschlitten in Empfang. Gerda kehrte sofort nach Berlin zurück. Sie durfte nicht an ihrem Arbeitsplatz fehlen.

Der Lenker des Schlittens war der Marquis de Respaldizza. Er begrüßte meine Mutter formvollendet mit einem Handkuss. Ich kam mir vor wie in einem Märchen. Diesen Eindruck hatte ich aber nur für kurze Zeit. Respaldizza war aus unbekannten Gründen weder zum Militär- noch zum Polizeidienst eingezogen worden. Zur Erledigung irgendwelcher Geschäfte fuhr er alle paar Tage mit der Eisenbahn von der steierischen Station Feldbach nach Graz oder Wien. In Poppendorf erlebten wir ihn später, wie er die Wintertage damit verbrachte, behaglich gekleidet mit langem Pelzmantel, glänzenden Lederstiefeln und buschiger Fellmütze scheinbar ziellos und ein wenig verträumt auf einem Pferdeschlitten durch die bewaldeten Hänge und Täler zu gleiten.

Nach Einbruch der Dunkelheit wurde Respaldizza ein anderer. Nacht für Nacht führte er als jugoslawischer Partisanenchef seine Männer und Frauen in den Kampf gegen die deutschen Besatzer. Seine junge Frau und ihre Eltern unterstützten diese Widerstandstätigkeit. Der Keller des Schlosses wurde zur Einsatzzentrale der Partisanengruppe und zur

Pflegestation für verletzte Kameraden. Die Gruppe bestand aus dreißig bis vierzig Mitgliedern. Tagsüber waren sie Bauern, Briefträger und Polizisten; sie stammten vor allem aus dem slowenischen Grenzgebiet, das dem Dritten Reich als „Südsteiermark" einverleibt worden war. Es waren auch Ungarn dabei und Deutsche. Die Deutschen standen im Poppendorfer Keller in regelmäßigem Funkkontakt mit einer britischen Leitzentrale. Sie waren Studenten, kamen alle aus Hamburg und wurden von New York via London aus geführt, und zwar von Max Brauer, dem 1933 aus dem Amt getriebenen SPD-Bürgermeister von Altona, der nach dem Krieg Erster Bürgermeister von Hamburg werden sollte.

Weil das Schloss Poppendorf so nah an der Grenze zu Ungarn, vor allem aber zur Partisanen-„verseuchten" Südsteiermark lag, wurde es alle paar Tage von Gestapo, Wehrmacht oder SS kontrolliert. Aber das Gebäude war so weitläufig und verwinkelt, dass wir und die anderen Schützlinge Respaldizzas uns jedes Mal in sichere Verstecke zurückziehen konnten. Man war auf Poppendorf – noch – verhältnismäßig sicher. Aber wir mussten hungern und frieren. Er gab so gut wie nichts zu essen und zu verheizen. Nachts, während ihrer Partisanentätigkeit, bekamen Respaldizzas Leute von slowenischen Bauern etwas zugesteckt. Aber es reichte kaum für die große Mannschaft und die Familie Muth, und nun waren auch noch wir vier Breslauer durchzufüttern. Im November wurde es sehr kalt. Das Thermometer sank nachts schon weit unter Null, und die schwache Novembersonne konnte die großen Schlossräume auch am Tag nicht erwärmen. Mangels Materials konnten die Öfen nicht geheizt werden. Respaldizzas Kleinkind schrie Tag und Nacht. Es hatte Hunger. Selbst wenn Milch und Brei für das Kind beschafft werden konnten, war es der Mutter am nächsten Morgen unmöglich, ihr Kind damit zu füttern, weil die Milch in der Flasche, der Brei im Topf gefroren waren und oft kein Brennstoff zum Erwärmen aufzutreiben war. Es wurde zu meiner und Peters allmorgendlicher Aufgabe, die Babyflasche mit Hilfe unserer Körperwärme aufzutauen. Das hat oft bis in den späten Vormittag hinein gedauert.

Am ersten Morgen unseres versteckten Lebens wanderte mein Vater mit mir durch das weitläufige, verschneite Schlossgelände. Es fiel ihm schwer, das zu tun, was er sich offensichtlich vorgenommen hatte, nämlich mir unsere Lage zu erklären und zu schildern, warum und wie es dazu gekommen war. Am Ende merkte ich ihm die Erleichterung darüber an, dass er „es heraus hatte" und ich seine Rede aufmerksam und ruhig aufgenommen hatte. Als er mich fragte, ob ich ihn verstanden hätte, gab ich ihm die Antwort, die er – noch immer voller Erstaunen – bei unserer Rückkehr ins Schloss an meine Mutter weitergab und die sie erschreckte: „Er hat schon alles gewusst."

Wie wir später erfuhren, versuchte Richard jetzt energisch, endlich die schon oft erbetene Unterstützung der katholischen Kirche in Breslau für die Familie seines Bruders zu bekommen. Vergebens. Lediglich ein völlig nutzloses „Seelsorgerzeugnis" vom 7. November 1944 bekam Onkel Richard für uns ausgehändigt (Dokument S. 120). Als der Strom der Ereignisse unsere Familie bereits in den Abgrund gespült hatte, warf uns die Kirche einen Strohhalm hinterher:

„Nach Einsichtnahme der entsprechenden Unterlagen bescheinige ich, daß Herr Herbert Michalski katholisch ist, daß Frau Lilli Michalski, geb. Braun (sic!) am 9. Dezember 1933 in die katholische Kirche aufgenommen wurde, daß die Eheleute am 12. Dezember 1933 kirchlich getraut worden sind, und ihre beiden Söhne die hl. Taufe empfangen haben. Die Teilnahme am kirchlichen Leben kennzeichnet der Empfang der ersten hl. Kommunion durch den Sohn Franz. Auch darüber hinaus können wir die Familie als kirchentreue Christen empfehlen."

Die Verluste im Partisanenkampf wurden zahlreicher, die Hauskontrollen im Schloss häufiger, Respaldizza und seine Truppe fürchteten Verrat. Keiner auf Schloss Poppendorf konnte sich mehr sicher fühlen. Meine Eltern mussten sich entschließen, den Zufluchtsort zu verlassen, ohne einen neuen im Auge zu haben. Im Reich, so mussten sie befürch-

Ernst Scharf (l.) bestellt sein Land in Thiemendorf mit einem Ochsen, um 1940 | Privatbesitz Christel Raack, Tübingen

ten, würden sie bald gefasst werden. Im Partisanengebiet konnten sie noch am ehesten hoffen, unentdeckt zu bleiben. Sie mussten also dort untertauchen. Aber sie würden keine Bleibe haben, und das konnte mit uns Kindern unmöglich gutgehen. Sie nahmen das Risiko auf sich und fuhren mit Peter und mir nach Thiemendorf bei Görlitz, wo Erna und ihre Eltern uns in ihre Obhut nahmen, ungeachtet der Gefahr, in die sie sich damit begaben.

Gleich nach unserer Ankunft versorgte Ida Scharf, Ernas Mutter, uns Kinder in der Küche, sodass ich die dramatische Szene nicht direkt miterlebt habe, von der mir Erna erst viel später erzählt hat. Meine Mutter bat Erna inständig, ihr zu versprechen, Peter und mich wie eine

Der Hof der Familie Scharf in Thiemendorf um 1940
Privatbesitz Christel Raack, Tübingen

Mutter aufzuziehen, falls sie, Lilli, nicht wiederkehren könnte. Erna hätte das auch ohne Lillis ausdrücklichen Wunsch getan.

Noch am selben Tag kehrten unsere Eltern nach Poppendorf zurück. Ich weiß heute nicht, wie sie diese Reise bewerkstelligten. Sie nahmen ein Nomadenleben im Untergrund auf sich. Möglichst weit wanderten sie aus der Steiermark heraus, dem Flusslauf der Drau folgend. Ihr Ziel waren Gebiete, die zu der Zeit bereits weitgehend von den jugoslawischen Partisanen beherrscht wurden. Aus Vorsicht hielten sie sich nur selten in einer Stadt wie Marburg/Maribor an der Drau oder in einem großen Dorf auf.

Ein Jahr später, als es nach dem Krieg darum ging, als „Opfer des Faschismus" anerkannt zu werden, hat meine Mutter in einem Schreiben an den Magistrat der Stadt Berlin diesen Teil ihrer Flucht beschrieben:

„Viel Leid und Entbehrung, Hunger und Kälte mußten wir auf diesen Wegen hinnehmen, immer in der Sorge, von SS-Streifen oder der Gendarmerie oder Wehrmachtsstreifen gefaßt zu werden. Wir lebten ohne Lebensmittelkarten und ohne jegliche Anmeldung. Es war oft zum Verzweifeln. Bettelnd zogen wir die Landstraße bei Wind und Wetter im Draugebiet entlang, oftmals nur Rüben essend, die Bauern auf dem Weg verloren hatten. Mit Hilfe eines ebenfalls verborgen lebenden Juden lernten wir ein slowenisches Ehepaar in Pettau kennen, das uns ab und zu eine warme Mahlzeit bereitete. Aufnehmen konnten uns diese Leute nicht wegen der SS-Gefahr. Diese war wegen der Partisanentätigkeit sehr groß. Wir fanden auch in Marburg Serben, Slowenen und Italiener, alles Antifaschisten, die uns behilflich waren. Sonst wären wir vor Hunger und Kälte umgekommen."

Ende Januar 1945 fanden Lilli und Herbert bei Maria Antontschitsch am Adolf-Hitler-Platz 24 in Marburg a. D. Unterschlupf und wagten es am 27. Januar 1945, sich und sogar uns abwesende Kinder als Bombenflüchtlinge aus Berlin bei der polizeilichen Revier-Meldestelle als Untermieter von Frau Antontschitsch anzumelden (Dokument S. 121). Aber schon nach wenigen Tagen mussten sie wieder untertauchen, wussten wieder nicht, wovon sie leben sollten, wo sie nachts schlafen würden.

Rund zehn Wochen haben Lilli und Herbert dieses Leben durchgehalten. Dann gaben sie die Hoffnung auf, einen dauerhaften Unterschlupf im relativ sicheren Partisanengebiet zu finden. Erschöpft nahmen sie nun ein Angebot an, das Gerda Mez ihnen für den äußersten Notfall gemacht hatte: nämlich in ihrem Hotelzimmer Zuflucht zu finden, das sie inzwischen in Tetschen-Bodenbach an der Elbe bewohnte. Wegen der Bombenangriffe auf Berlin hatte Schwarzkopf einen Teil der Produktion ins sudetendeutsche Tetschen-Bodenbach verlagert. Im Hotel „Zur Post" am Marktplatz in Tetschen unterhielt Schwarzkopf Zimmer für die Berliner Mitarbeiter, die regelmäßig Dienstreisen in das Protektorat

Die Familie Scharf 1944: v. l.: Ernas Mann Herbert Raack, Erna, Else Scharf sowie die Eltern Ida und Ernst Scharf in Thiemendorf 1944

Böhmen und Mähren machen mussten. Zu diesem Personenkreis gehörten Gerda Mez und Willy Weber.

Wir Kinder waren – wie die Eltern auf verschlungenen Nachrichtenwegen erfuhren – inzwischen in Thiemendorf nicht mehr vor dem Zugriff der Gestapo sicher. Wir gefährdeten zudem unsere Gasteltern mehr und mehr. Bis zum Februar 1945 hatten wir es in Thiemendorf gut. Wir lebten in der Obhut der liebenswürdigen Familie Scharf; wir froren nicht, bekamen regelmäßig zu essen und brauchten uns nicht vor jedem Fremden zu verstecken. Wurden Scharfs nach den Jungen gefragt, so gaben sie die Auskunft, dass wir Breslauer seien, die sich von den Bombenangriffen erholen sollten.

Mir, dem Zehnjährigen, waren die Familie und das ganze Dorf vertraut, und die Thiemendorfer kannten mich. Während der letzten drei Jahre hatte ich jeweils sechs Wochen Sommerferien auf dem Bauernhof verbracht und mich dort sehr wohl gefühlt. Trotz aller Geborgenheit war ich diesmal in Thiemendorf jedoch nicht glücklich. Die Sorge um die Eltern wurde immer drückender. Und Peter mit seinen vier Jahren, dem die Familie Scharf und die gesamte Umgebung fremd waren, war in Thiemendorf meist so niedergeschlagen, dass er sein berühmtes Lachen verlernte. Er sehnte sich nach seiner Mutter.

Aber für mich gab es durchaus auch schöne Stunden während unseres Versterktseins in dieser ländlichen Gegend, etwa beim Melken, Buttermachen, Stall säubern, beim Rübenhäckseln und Viehfüttern. Oder zu Weihnachten, als ich und Peter als Knecht Ruprecht und sein Helfer im Auftrag verschiedener Bauern von Haus zu Haus zogen und aus einem Sack die zuvor von den Eltern mitgegebenen kleinen Geschenke an deren Kinder verteilten.

Anfang Februar 1945 mussten Scharfs auf geheimen Wegen nach Marburg/Maribor signalisieren, dass die Sicherheit für uns in Thiemendorf stark abnahm. Denn die Nachbarn begannen zu fragen, warum ich nicht in die Schule ginge. Mit der Verschlechterung der deutschen militärischen Lage an allen Fronten kam es zunehmend zur Desertion von Wehrmachtsoldaten, zum Untertauchen von politisch Verfolgten, zu Ausbrüchen von Kriegsgefangenen. Gestapo und Feldgendarmen durchsuchten immer öfter Haus, Scheune und Stall insbesondere von „Reichsfeinden" wie Ernst Scharf.

Lilli und Herbert schlüpften wieder einmal durch alle Kontrollen und erreichten am 12. Februar 1945 den kleinen Bahnhof Arnsdorf im Kreis Görlitz. Von dort holten sie zu Fuß in einer Nacht- und Nebelaktion uns Kinder aus Thiemendorf und fuhren von Arnsdorf über Görlitz und Dresden nach Tetschen-Bodenbach, immer in Angst vor Kontrollen. Es wurde eine Reise ins Chaos, und im Chaos gibt es keine Kontrollen. Als der Zug in Dresden einfuhr, heulten die Fliegeralarmsirenen. Beim Aussteigen auf dem Bahnsteig hörte man bereits einen Bombeneinschlag nach dem anderen. In wachsender Panik rannten die Massen in einen Bunker vor dem Bahnhof. Kaum dort angekommen, fühlte man die Erde beben. Es war der 13. Februar 1945. An diesem und dem nächsten Tag ging die Stadt Dresden im Bombenhagel unter. Lilli, Herbert und wir Söhne saßen eingepfercht im Bahnhofsbunker.

Später erfuhren wir, dass zwei unserer Breslauer Verwandten ebenfalls in einem Dresdner Bunker saßen. Hedwig, meine Großmutter, musste als siebenundsiebzigjährige Greisin gemeinsam mit ihrer gehbehinderten und an Händen und Füßen invaliden Tochter Lucy im Februar 1945 aus dem brennenden Breslau fliehen. Der Strom der Massenflucht trieb sie nach Dresden. Dort kamen sie am 13. Februar 1945 an. Wir alle überlebten das Dresdner Inferno. Aber die einen wussten nichts von der Anwesenheit der anderen.

Nach der Entwarnung mussten die Menschen beim Verlassen des Bunkers über brennende und beißend rauchende Trümmer klettern. Das ringsherum lodernde Feuer ließ einen Sturm entstehen, der die Februarluft auf höllische Weise erhitzte. Überall Jammern und Stöhnen, Verletzte und Tote. Der Zug Richtung Tetschen-Bodenbach stand noch da, war aber ausgebrannt. Hier und da qualmte es, Männer löschten die letzte Glut. Die Waggons bildeten das Skelett eines Zuges, und sie bargen in sich die verkohlten Leichen von Fahrgästen, die sich nicht vor den Brandbomben hatten retten können.

Der Zugverkehr wurde auf anderen Gleisen umgehend wieder aufgenommen, um möglichst viele Menschen schnell aus der brennenden Stadt zu schaffen. Unsere Familie setzte ihre Fahrt unbehelligt von Kontrollen fort. Als die Eisenbahn am malerischen Elbufer des Elbsandsteingebirges entlangfuhr, lagen alle Fahrgäste auf dem Boden und suchten unter den Abteilbänken Deckung. Tiefflieger griffen den Zug an und schossen Maschinengewehrsalven durch die Fensterscheiben.

Horst Schneider, der Besitzer des Hotels „Zur Post" am Adolf-Hitler-Platz 82 in Tetschen war kein Nationalsozialist. Solange er das Risiko für erträglich hielt, schloss er beide Augen und bemerkte die vierköpfige Familie nicht, die seit dem 14. Februar 1945 in einem Zimmer zusammen mit seinem Stammgast Gerda Mez nächtigte. Schwarzkopf hatte Gerda seit Kurzem auf Dauer nach Tetschen versetzt.

Ihr Hotelzimmer, das zum Glück ein geräumiges Doppelzimmer war, mit uns zu teilen, brachte sie nicht nur in Gefahr, es bedeutete – je länger der Zustand anhielt, desto mehr – eine emotionale Anspan-

Zweigwerk der Firma Schwarzkopf in Tetschen-Bodenbach um 1930

nung für sie genauso wie für ihre „Gäste“. Es kam zu heftigen Auseinandersetzungen zwischen ihr und der nervlich völlig zerrütteten Lilli. Trotzdem hat Gerda Mez uns ihren Schutz nicht entzogen.

Nach vierzehn Tagen sah sich der Hotelier Schneider durch Gestapo- und Militärkontrollen gezwungen, Herbert vor die Wahl zu stellen, mit seiner Familie das Haus zu verlassen oder ihm eine polizeiliche Anmeldung vorzulegen. Herbert wagte es wie im Januar in Marburg, die Familie beim Tetschener Einwohnermeldeamt als Berlin-Evakuierte anzumelden (Dokument S. 121). Welche Papiere er dafür vorlegte, weiß ich nicht. Es geschah jedenfalls am 5. März 1945.

Die polizeiliche Anmeldung bedeutete aber nicht, dass wir nun Lebensmittelkarten bekamen. Dafür wären bürokratische Wege erforderlich gewesen, die für die Familie lebensgefährlich waren. Also mussten wir weiterhin ohne Lebensmittelkarten leben. Gerda half, wo sie nur konnte. Von ihrer eigenen Ration konnte sie natürlich uns vier nicht sattmachen. Aber sie bat Schwarzkopf-Kollegen in Tetschen-Bodenbach um Hilfe. Auch Herbert sprach Kollegen an, die er als vertrauenswürdig kannte. Er traf sich mit ihnen an verschwiegenen Plätzen und bot Gegenleistungen für Lebensmittelmarken an. Eine dieser Dienstleistungen führte ihn Ostern 1945 nach Prag. Dort geriet er in eine Ausweis- und Wehrpasskontrolle und landete im Gestapo-Gefängnis. Er hatte vorsichtshalber keinerlei Papiere auf die Fahrt nach Prag mitgenommen, und so konnte er im stundenlangen Gestapoverhör unter einem erfundenen Namen behaupten, er sei ein Österreicher aus Wien. Da er sich in Wien gut auskannte, gab er eine reale Adresse im 23. Wiener Bezirk an und hatte das Glück, dass einer der Verhörer die Straße und die Hausnummer kannte. Gerettet hat Herbert sein Talent für Sprachmelodie und Dialekte, das er als junger Mann während seiner Tätigkeit bei der Genossenschaft in Oels entdeckt und entwickelt hatte. Wien und die Wiener Sprechweise kannte er von den Dienstreisen als Treibstoff-Einkäufer von Schwarzkopf.

Herbert wurde am nächsten Tag entlassen. Er wusste seine Frau in größter Sorge, hatte sie ihn doch bereits am Vorabend zurückerwartet. Trotzdem ließ er noch diesen Tag und eine Nacht und noch fast den gesamten folgenden Tag verstreichen, bevor er einen Zug nach Tetschen nahm. Er musste sich erst vergewissern, dass er nicht beschattet wurde. Meine Mutter war inzwischen zusammengebrochen. Zwei Tage und Nächte ohne Nachricht von meinem Vater, das konnte nur das Schlimmste bedeuten. Sie verfiel in Verzweiflung und Hysterie. Sie schrie das heraus, was sie bisher Herbert nachts, wenn die anderen scheinbar schliefen, nur zugeflüstert hatte: Selbstmord! Sich umbringen und den Kleinen „mitnehmen", das war ihre fixe Idee in diesen Stunden. Franz mit seinen zehn Jahren sei so selbstständig, dass er sich mit Glück allein durchschlagen könne.

Nur vorübergehend gelang es Gerda und mir, Lilli etwas zu beruhigen. Gerda musste schließlich das Hotelzimmer verlassen und zur Arbeit gehen. Lilli nutzte ihre Abwesenheit, um Herberts Koffer unter dem Bett hervorzuholen und daraus die Pistole zu nehmen, die Herbert „für alle Fälle" seit den Poppendorfer Tagen im Gepäck hatte. Ich wusste von der Pistole, stürzte mich auf Lilli und konnte die Waffe um den Bruchteil einer Sekunde schneller ergreifen als sie. Kämpfen wollte meine Mutter mit mir nicht. Sie blieb vor dem Bett sitzen und weinte still in sich hinein. Der vierjährige Peter saß verschüchtert in einer Zimmerecke, vor sich ein Häuflein armseligen Spielzeugs. Ich versuchte, durch immerwährendes „vernünftiges" Zureden Lillis Gemütszustand zu stabilisieren.

Mein Erfolg war nur scheinbar. Nachdem es draußen dunkel geworden war, zog Lilli sich und Peter plötzlich die Mäntel an – absurd angesichts ihres Vorhabens –, nahm in höchster Eile Peter auf den Arm und rannte aus dem Haus. Ich sprang hinterher und sah meine Mutter über den Marktplatz zur Elbe rennen. Die Elbe führte Hochwasser. Es war die Zeit der Schneeschmelze. Die Strömung war stark. Eisschollen trieben mit hoher Geschwindigkeit aneinanderknirschend am Ufer vorbei. Ich erreichte gleichzeitig mit Lilli den gemauerten Uferrand. Nun kämpfte ich doch mit ihr, und zwar um den Bruder. Nachdem ich ihr Peter entrissen hatte, ließ sie sich stumm und schicksalsergeben ins Hotel zurückführen. Sie wollte den Kleinen nicht ohne ihren Schutz am Leben lassen.

Wenige Tage, nachdem Herbert aus Prag zurückgekehrt war, stand Gerdas Schwester Luzie Mez mit dem kleinen Lutz vor unserer Zimmertür. Ihr Freund hatte sie aus dem zerbombten Berlin nach Tetschen gebracht, um sie und das gemeinsame Kind der Obhut Gerdas anzuvertrauen. Er, der SS-Mann, kehrte sofort zu seiner Einheit zurück. Er hat die Menschen nicht verraten, die er in Gerdas Zimmer gesehen hatte.

Es war klar, dass wir dort nicht mehr bleiben konnten und Herbert einen neuen Unterschlupf finden musste. Ein paar Nächte verbrachte man noch zu siebt in diesem einen Zimmer, dann bezogen wir ein Doppelzimmer im Hotel Hetschel in Herrnskretschen. Herrnskretschen ist ein malerisch gelegener Ferienort, dort, wo das Flüsschen Kamnitz in die Elbe mündet. Das von tiefen Schluchten eingeschnittene Elbsandsteingebirge reicht bis an die Uferstraße heran, die ins zwölf Kilometer elbaufwärts gelegene Tetschen-Bodenbach führt. Die Grenze zu Schmilka, dem ersten Elbdörfchen in Deutschland, ist nur ein paar hundert Meter

Gerda Mez mit ihrem Neffen Lutz in Tetschen-Bodenbach, April 1945

von Herrnskretschen entfernt. Die Eisenbahnlinie verläuft auf der anderen Seite der Elbe. Dem Ort schräg gegenüber liegt die sächsische Bahnstation Schöna. Zwischen Herrnskretschen und dem „reichsdeutschen" Ufer pendelt eine Fähre. Heute heißen die Orte anders, Herrnskretschen Hřensko, und Tetschen-Bodenbach heißt Děčín Podmokly.

In Herrnskretschen kam meine Mutter ein wenig zur Ruhe. Der Ort war verschlafen und lag längst nicht so unter polizeilicher und militärischer Beobachtung wie die lebhafte Kreisstadt Tetschen-Bodenbach. Die Witterung trug zur besseren Stimmung bei. Der Frühling war im Jahr 1945 besonders schön und kündigte sich sehr früh an. Mussten wir Wintertag für Wintertag durch die Straßen Tetschens und des am anderen Elbufer gelegenen Bodenbachs streifen, so konnte die Familie nun den neugierigen Augen der Herrnskretschner auf Wanderungen durch Wälder und Schluchten bei herrlichem Wetter entgehen.

Für mich waren nicht alle Tage in Tetschen ohne Ablenkung und Entspannung. Ich hatte auf der Straße einen Spielkameraden gefunden. Meine Eltern waren damit einverstanden, dass ich mich tagsüber von ihnen trennte und zu dem Tetschener Jungen ging. Seine Eltern hatten eine Limonadenfabrik, die inzwischen den Betrieb aufgegeben hatte. Der Vater war im Krieg. Die Mutter hatte nichts dagegen, wenn wir uns in den Fabrikräumen und Lagerschuppen aufhielten, dort spielten und riesige Mengen grüner Waldmeisterbrause tranken. Auch in Herrnskretschen konnte ich mich viele Stunden am Tag von der Familie absondern. Dort hatte ich mich mit dem Sohn eines Sägemüllers angefreundet und spielte mit ihm zwischen Stapeln von Brettern und Haufen von Sägespänen. Ins Sägewerk, das kurz vor Kriegsende die Arbeit eingestellt hatte, durfte ich des Öfteren Peter mitnehmen. Der musste dann bei Räuber- und Gendarmspielen den Gefangenen geben.

Hinsichtlich der Ernährung hatte sich die Lage noch weiter verschlechtert. Es wurde für Herbert fast unmöglich, von Herrnskretschen aus Lebensmittelmarken zu organisieren. Aber es gelang ihm immer, wenigstens ein wenig Gebäck zu beschaffen, entweder mit Puderzucker bestreute „Buchteln“ vom Bäcker oder ein halbes Kommissbrot von vorbeiziehenden Soldaten, denen die Erwartung des nahen Kriegsendes anzumerken war. Eines Tages schien alles umsonst gewesen zu sein. Im Morgengrauen klopfte es dröhnend an die Zimmertür. Eine Militär-Polizeistreife suchte nach versteckten Männern für Hitlers letztes Aufgebot gegen die Russen, für den Volkssturm. Lilli öffnete zitternd die Tür. Sie behauptete, „hier ist kein Mann“. Einer der Uniformierten wies mit der Maschinenpistole auf den im Bett liegenden Herbert: „Und was ist das?“ Lilli, unter Schock: „Aber das ist doch mein Mann.“ Unter Bewachung musste sich Herbert notdürftig ankleiden. Dann wurde er abgeführt. Eine Stunde später war er wieder zurück, bleich und verschwitzt. Wieder einmal hatte er sich herausreden können, aber nur um Haaresbreite.

Der 8. Mai 1945 war ein Tag wie im Hochsommer. Vom wolkenlosen Himmel schien die Sonne so kräftig, dass von den geteerten Bohlen des Fähr-Landestegs Asphaltgeruch aufstieg. Über die Berge kam dumpfes Geschützgeräusch wie bereits seit ein, zwei Tagen, nur etwas lauter. Überraschend war das Kriegsende an diesem Tag für keinen mehr. Die Nachrichten von Hitlers Selbstmord am 30. April und vom Fall Berlins am 2. Mai waren bis ins letzte Dorf gedrungen. Und dennoch hat die Wucht des Untergangs, mit der das abgeschiedene Herrnskretschen am 8. Mai aus dem Schlaf gerissen wurde, alle erschüttert.

Als wenn ein Staudamm gebrochen wäre, ergoss sich mit einem Mal aus Richtung Tetschen über die Uferstraße eine nicht enden wollende brüllende Flutwelle. Statt aus Wasser bestand diese Springflut, die in immer neuen Wellen Herrnskretschen überspülte, aus Menschen. Menschen zu Fuß, Menschen in brechend überfüllten Personenautos, Menschen, die in prallen Trauben auf Lastwagen hingen. Menschen zu viert, zu fünft auf Motorrädern mit Beiwagen, auf Fahrrädern zu zweit und zu dritt. Menschen auf Pferdewagen und als Reiter. Das Ziel der panischen Masse war die Fähre ans andere Ufer. Dort, so hieß es, auf dem sächsischen Ufer der Elbe würden zur Stunde amerikanische Besatzungstruppen einziehen, während hinter dem Rücken der Fliehenden die angeblich todbringenden Bolschewisten herbeieilten.

Die kleine Fähre war schnell überfüllt. Sie brachte ihre Menschenfracht ans andere Ufer und kehrte, langsam gegen den Strom kämpfend, zurück. Tausende kamen gehetzt, sprangen aus den Automobilen, ließen die Motorräder stehen, die Fahrräder fallen, die Pferde laufen. Alles schrie durcheinander, drängte auf den Landungssteg in hektischer Erwartung der Rückkehr des Schiffchens. Der Steg hielt diesem Ansturm nicht stand, brach zusammen, und die Männer, die mit ihm ins Wasser stürzten, schwammen sogleich los, um das jenseitige Ufer zu erreichen. Unzählige der am Ufer Versammelten rissen sich die Uniform vom Leib und sprangen den Kameraden hinterher; nicht um sie vor dem Ertrinken zu bewahren, sondern weil sie ebenfalls ihr Heil im Hinüberschwimmen sahen. Die Elbe hat im Elbsandsteingebirge Strudel und eine kräftige Strömung. Rasch nahm sie die Schwimmer in Richtung Norden mit. Keiner aus Herrnskretschen hat einen von ihnen ans andere Ufer steigen sehen.

Die immer noch aus Süden Nachdrängenden werden weniger die Menschen im Wasser beachtet haben als die vielen Soldaten und SS-Männer direkt vor ihnen, die sich in höchster Eile die Uniformen auszogen. Die Folge war, dass plötzlich alle, mehrere Tausend Mann, wo immer sie im Gedränge gerade zu stehen kamen, sich ihrer Kleider bis auf die Unterwäsche entledigten und das Zeug auf der Straße liegen ließen. Sie meinten in ihrer Panik, sie könnten sich so, vom Gefreiten bis zum höchsten Offizier, für den Fall einer sowjetischen Gefangennahme unkenntlich machen. Als die Rote Armee gegen Mittag kam und in ihrem Gefolge tschechisch-slowakische und polnische Einheiten, waren alle Wehrmachtsoldaten und SS-Leute verschwunden. Wer nicht mit der Fähre mitgekommen war und nicht hatte schwimmen wollen, flüchtete in die Berge und versteckte sich in den Felshöhlen. Die Tschechen haben während der nächsten Tage alle verfolgt. Wen sie aufspürten, erschossen sie auf der Stelle. Man hörte die Schüsse im Ort. Auch der ältere Bruder meines Spielkameraden aus der Sägemühle, ein blutjunger beinamputierter SS-Mann, fand vor seinem Höhlenversteck unweit des Elternhauses den Tod.

Die kurze Zeitspanne zwischen dem Ende der Massenflucht und dem Einmarsch der Russen nutzten die Herrnskretschner, um sich von der Straße zu nehmen, was sie brauchen konnten. Uniformen und die zuhauf umherliegenden Gewehre, Pistolen und Maschinenpistolen waren nicht begehrt, aber Stiefel und Kochgeschirre, Brot, Konservendosen und Zigaretten umso mehr. Die Pferde wurden eingefangen, soweit es ging. Ich klaubte mir ein rotes Herrenfahrrad mit weißen Ballonreifen von der Straße. Für diese Plünderung bekam ich von meinem Vater eine spontane Ohrfeige, durfte dann aber das Rad hinter dem Hotel in Sicherheit bringen.

Mein Vater bereitete sich auf die Besatzer vor. Hinter dem Hotel ragte eine zerklüftete Felswand in die Höhe. Bei geöffnetem Badezimmerfenster konnte man sie berühren. In die eine Felsspalte ließ Herbert seine Pistole gleiten. Die Spalte verschloss er mit einem Brocken der gleichen Gesteinsart. Vielleicht liegt die Waffe noch heute dort. Dann legte er sich Papiere zurecht, die unsere Verfolgung beweisen konnten, insbesondere Lillis Kennkarte mit dem „J". Er band seine goldene Armbanduhr ab und forderte mich auf, ihm meine weniger wertvolle zu leihen.

Die Russen waren noch nicht alle einmarschiert, da ging Herbert ihnen mit mir, seinem zehnjährigen Sohn Franz, eifrig entgegen. Er suchte unter den auf Geländefahrzeugen langsam einrückenden Militärs die Gruppe, die er für die leitenden Offiziere der Einheit hielt. Sobald alles zum Stehen gekommen war, trat er vor und begann eine lange Rede in deutscher Sprache, die er um einige polnische Wörter ergänzte. Aber selbst Vokabeln wie Antifaschist und Jüdin bewirkten bei den Zuhörern kein Verständnis. Die von Herbert vorgewiesenen Papiere wurden ihm abgenommen, aber sogleich in die Luft geworfen. Ich hob sie wieder auf und hatte nicht verstanden, warum mein Vater diese Rede gehalten hatte. Zwei Soldaten traten an ihn heran und forderten seine Armbanduhr. Als er sie ihnen empört verweigerte, „das ist meine. Ich bin Antifaschist", stieß ihm der eine Soldat den Gewehrkolben in den Bauch. Während sich Herbert vor Schmerzen krümmte, nahm der andere Soldat seinen Arm und löste mit geübtem Griff das Uhrenarmband. Ich bekam meine nächste Uhr sechs Jahre später.

Diese erste Erfahrung mit der neuen Zeit war beispielhaft für die kommenden Wochen. In der Tschechoslowakei wurde kein Unterschied gemacht zwischen verfolgten und anderen Deutschen. Es gab für die Tschechen nur eine Sorte Deutsche, und die wurde gehasst. Und doch ging es meiner Familie während der restlichen Wochen in Herrnskretschen besser als den meisten. Mit den polnischen Soldaten war ein jüdisches Ehepaar aus Łódź gekommen. Beide trugen Majors-Uniformen und dienten als Ärzte in der Armee. Sie beherrschten die deutsche

Sprache und trafen sich mit meinen Eltern zu gemeinsamen Abenden im Hotel bei mitgebrachtem Wodka und Kaffee. Sie brachten aber auch Lebensmittel mit, insbesondere Dosen mit fettem Schweinefleisch, was damals eine Delikatesse war. Mit ihnen konnten meine Eltern ihre Geschichte besprechen und wurden verstanden.

Bald wurden die Deutschen aus der Tschechoslowakei vertrieben. Am 30. Mai 1945 ersuchte Herbert den Vorsitzenden der Kreisverwaltung von Děčín Podmokly mit Hinweis auf die Vergangenheit der Familie um eine Aufenthaltsverlängerung von vier Wochen. In dieser Zeit wollte er Lilli und die Söhne in Herrnskretschen lassen und allein nach Breslau reisen, „um mir eine Wohnmöglichkeit zu sichern, damit ich alsdann meine Familie mit der mir verbliebenen Habe zurückführen kann“. (Dokument S. 122 oben) Der Antrag wurde sofort abgelehnt. Am nächsten Tag, dem 31. Mai 1945, musste unsere Familie die Tschechoslowakei verlassen.

Hitler, seine Kumpane und die Masse der „Volksgenossen“ haben meine Mutter zur „Jüdin“, meinen Vater zum „Judenversippten“ und meinen Bruder und mich zu „Halbjuden“ gemacht. Wir wurden als „nichtarisch“ gedemütigt und drangsaliert. Schließlich wollte uns der deutsche Staat vernichten. Die Tschechen haben uns am 31. Mai 1945 wieder zu Deutschen gemacht. So hatten wir uns den Beginn des neuen Lebens nicht vorgestellt.

Die Menschen, die wir als „Stille Helden“ ehren, haben unser Leben gerettet. Sie haben zudem unsere Würde bewahrt und uns unser Selbstbewusstsein erhalten. Und sie haben uns sogar in den schlimmsten Tagen durch ihr Handeln, einfach durch ihre Gegenwart, nicht daran zweifeln lassen, dass deutsch sein auch human sein bedeuten kann.

Der Fußmarsch nach Berlin

Trotz der heißen Temperaturen, das Thermometer zeigte 30 Grad, zogen wir alle mehrere Hemden, Hosen, Pullover und Jacken übereinander. Herbert montierte die Gummireifen von meinem Fahrrad ab, um einem Diebstahl des Rades vorzubeugen. Der armselige Rest an Eigentum wie Waschzeug, ein paar Tücher oder etwas Essbares wurde in einem Koffer auf den Gepäckträger geschnallt. Peter nahm auf dem Fahrradsattel Platz und ließ die Beinchen baumeln, und Herbert schob das Rad über die nahe Grenze nach Deutschland, ihm zur Seite Lilli und ich. Unser Ziel war Görlitz. Vielleicht konnte man dort an alte Zeiten anknüpfen. Zweieinhalb Wochen dauerte der Fußmarsch, der mit einigen Umwegen rund 150 Kilometer betrug. Die Umwege waren meist durch gesprengte Brücken bedingt.

Es war ein Hungermarsch. Flüchtlingsströme wälzten sich durch das südliche Sachsen und die Lausitz in alle Richtungen. Deutsche wurden aus Böhmen vertrieben und zogen nach Norden. Schlesier mussten ihre Heimat verlassen und wanderten nach Westen. Niemand hatte ausreichend zu essen. Viele hatten gar nichts. Die Bewohner der Dörfer und Städte, durch die sich die Elendszüge schleppten, konnten nicht mehr angebettelt werden. Sie hatten selbst kaum noch genug für sich. Abends suchten die Flüchtlinge einen Liegeplatz in Schulen und Turnhallen, die Ortsverwaltungen den Durchziehenden zuwiesen. Die hygienischen Verhältnisse in den Schlafräumen und Waschplätzen und auf den Toiletten waren so katastrophal, dass nicht wenige Menschen sich eine Infektion zuzogen, an der sie bald darauf in einem Klassenzimmer oder auf der Landstraße starben. In manchen Orten konnten die Behörden mit Unterstützung der Besatzungsmacht Feldküchen betreiben. Die Schlangen vor den Gulaschkanonen waren so lang, dass es nie für alle reichte. Menschen sind beim Schlangestehen tot umgefallen.

Auch sowjetische Militäreinheiten zogen durchs Land. Die Regimenter wurden hin- und herverlegt. Sie waren autark, was ihre Lebensmittel betraf. Sie führten alles mit, sogar Milchkühe. Nachts schlugen sie ein Biwak aus Zelten auf, manchmal in der Nähe einer Schule, in der wir untergekommen waren. Dann nahm Herbert Peter an die Hand und ging mit mir zu den Russen und bat um Milch. Wenn Frauen in der Einheit dienten, bekamen wir immer Milch, manchmal noch drei, vier gekochte Kartoffeln dazu und eine Handvoll Salz. Salz gab es reichlich, aber nur rot vergälltes, wie man es an Tiere verfüttert oder bei Glatteis auf die Straße streut.

Je mehr sich unsere Familie Görlitz näherte, desto öfter fand Herbert hilfsbereite Menschen, seine früheren Kunden. Sie gaben ihm und seiner Familie gern etwas von dem wenigen, das sie hatten. Revanchieren konnten sich Lilli und Herbert bei ihren Wohltätern nicht, nicht einmal mehr mit den übereinandergezogenen Kleidern. Der Weg war so beschwerlich, die Hitze so groß gewesen, dass das meiste unterwegs abgelegt, zumeist verschenkt worden war.

Das Sitzen auf dem Fahrradsattel, ohne die Beine auf die Pedale stützen zu können, tat Peter bald weh. Das Laufen auf der Landstraße hielt er mit seinen vier Jahren auch nicht stundenlang durch. Lilli war zu schwach, um Peter tragen zu können, lange konnte selbst Herbert das nicht verkraften. Ich schob dann das Fahrrad, dessen unbereifte Holzfelgen inzwischen pinselförmig ausgefranst waren.

Einmal hatte Lilli Peter aber doch auf dem Arm, als uniformierte Kosaken zu Pferd uns im Galopp überholten und einer von ihnen sich im Vorbeieilen johlend über Lilli beugte. Mit einem Freudenschrei entriss er ihr den Kleinen, setzte ihn vor sich aufs Pferd und jagte hinter seinen Kameraden her. Nicht nur Lilli blieb fast das Herz stehen. War es eine Kindesentführung oder ein fürchterlicher Scherz? So schnell es bei aller Erschöpfung eben ging, rannten Lilli, Herbert und ich mit dem Fahrrad hinter der Kosakengruppe her, die hinter einer Wegbiegung verschwunden war. Mit Tränen der Erleichterung konnte Lilli Peter wieder in die Arme schließen. Die Reiter hatten dort lachend gewartet und sich wie auch ihr Mit-Reiter Peter diebisch über den Spaß gefreut.

Die von den Russen provisorisch eingesetzte Stadtverwaltung in Görlitz behandelte Lilli und Herbert zuvorkommend. Sie wies ihnen die verlassene Wohnung eines SS-Arztes zu, und Peter und ich fanden uns dort in einem immens großen Kinderzimmer wieder, in dem es aussah wie in einem Spielzeuggeschäft. Nach Meinung von uns Kindern – und Lilli – hätte die Familie in Görlitz bleiben können (Dokument S. 122).

Nach Herberts Meinung aber nicht. Nur wenige Tage nach der Ankunft in Görlitz wollten die Russen ihn zum Bürgermeister machen. Er lehnte es ab, weil es an die Bedingung geknüpft war, Mitglied der Kommunistischen Partei zu werden. Als Verfolgter des nationalsozialistischen Regimes war Herbert kein Gegner der Kommunisten. Im Gegenteil, er hatte sie zwölf Jahre lang als Verbündete empfunden. Aber er hatte sich geschworen, niemals einer politischen Partei anzugehören, auch nicht, wenn die Mitgliedschaft mit Privilegien verbunden wäre. Es war Herbert klar, dass es unter den neuen Verhältnissen gefährlich sein konnte, als Antikommunist zu gelten. Er hielt es daher für unerlässlich, sich mit seiner Familie noch einmal auf den Weg zu machen. Breslau war verloren, also bot sich Berlin als Ziel an. Berlin erschien in diesen Tagen verlockend, weil Gerüchte über eine bevorstehende Teilung in einen sowjetischen Teil und drei westliche Sektoren zu hören waren, mit der wichtigen Zusatzinformation, dass es in den Westsektoren für jeden Einwohner 300 Gramm Brot am Tag geben würde.

Am 22. Juni 1945 besorgte sich Herbert von der Stadtverwaltung Görlitz einen Passierschein, auf dem in russischer und deutscher Sprache bestätigt wurde, dass er „mit Frau und 2 Kindern berechtigt ist, sich von Görlitz nach Thiemendorf und zurück zu begeben. Grund: Sachen abholen“ (Dokument S. 123).

Von unseren eingelagerten Kisten waren nur noch Reste übrig. Thiemendorf war geplündert worden. Doch die Familie Scharf hat sowohl die NS-Zeit als auch die Besetzung durch die Rote Armee überlebt. Das Haus, der Stall, die Scheune von Scharfs, die Bäckerei – das ganze Dorf war verwüstet. Den überlebenden Dorfbewohnern ging es noch schlechter als den Menschen in Görlitz. Wir fanden ein paar Familienfotos in den Überresten unserer Kisten, die für die Plünderer wertlos waren.

Wir kehrten nicht nach Görlitz zurück, sondern begannen unsere Wanderung nach Norden durch die Ober- und die Niederlausitz, durch den Spreewald und den märkischen Sand. Zwölf Tage brauchten wir für die 200 Kilometer bis Berlin. Am Abend des 4. Juli 1945 erreichten wir unser Ziel. Es war der Tag, an dem die Westalliierten ihre

Berliner Sektoren von den Sowjets übernahmen. Die Bedingungen, unter denen wir uns in Richtung Berlin schleppten, waren keineswegs besser als während des Marsches von Herrnskretschen nach Görlitz. Sie wurden sogar noch schlechter, denn bereits am zweiten Tag verlor Peter seine Widerstandskraft. Er konnte nicht mehr laufen und sich nicht mehr auf dem Fahrradsattel halten. Seine Unterernährung war lebensbedrohlich. Mehr oder bessere Nahrung als auf dem Weg nach Görlitz konnte Herbert nicht beschaffen. An manchen Tagen hatte die Familie nichts außer einer Handvoll noch grüner Kirschen, die Herbert und ich im Vorbeigehen hastig in einem Vorgarten gestohlen hatten. Mit dem Verlassen seines alten Bezirks kannte Herbert immer weniger Menschen von früher.

In Cottbus fand Herbert einen letzten Helfer. Dieser Drogist kramte Bretter, kleine Räder, Nägel, Schrauben und Stangen aus dem Keller hervor, und die beiden Männer zimmerten daraus einen kleinen Leiterwagen, in den Peter gebettet wurde. Längst hatten wir untereinander verabredet, alles Essbare zuerst Peter zu geben und uns mit dem Rest zu begnügen, falls einer blieb. Das bewahrte den Kleinen vor dem völligen Verfall. Aber ebenso lebensrettend erwies sich der Leiterwagen. Mühsam trotteten wir unter der brennenden Junisonne dahin. Herbert schob abwechselnd mit mir das Fahrrad, dann zog der andere den Leiterwagen, und Lilli brauchte ihre ganze Kraft, um sich selbst aufrecht zu halten.

Wir folgten einer toten Bahnlinie in der Hoffnung, es würde doch einmal ein Zug fahren. Schließlich kamen wir an eine weit außerhalb eines Dorfes gelegene Bahnstation, die von unzähligen wartenden Flüchtlingen umlagert war. Es ging das Gerücht, es würde ein Zug aus Richtung Süden kommen. Wir schlossen uns den Menschen an. Das Warten dauerte Tage. Lebensmittel waren im entfernten Dorf kaum zu beschaffen. Es wagte sich auch keiner für längere Zeit von den Gleisen weg. Jeder hatte Angst, den Zug zu verpassen. Man schlief des Nachts auch auf dem Stationsgelände.

Eines Mittags kam tatsächlich ein Zug. Er war bereits überfüllt, aber der Lokomotivführer hielt seine schnaufende Maschine an. Die Menge stürmte schreiend die Waggons, krallte sich außen an den geöffneten Fenstern fest, um etwas Halt beim Stehen auf den Trittbrettern zu bekommen. Selbst auf der Kupplung zwischen den Wagen standen Menschen. Von Geld oder Fahrschein war keine Rede. Der Lokführer ließ die Leute den Zug stürmen, wie sie wollten. Schnell waren sogar die Waggondächer besetzt. Herbert sprach mit dem Lokomotivführer. Fahrrad und Leiterwagen landeten hoch oben auf dem mit Kohle beladenen Tender. Meine Mutter und ich, mein Vater mit Peter auf dem Arm suchten außen auf der Lokomotive einen Platz, wo wir stehen und uns festhalten konnten.

Die Fahrt ging nur dreißig Kilometer, dann endeten die Gleise in einem Granattrichter. Aber die Reisenden waren froh, dass die Fahrt zu Ende war. Heißer Dampf hatte ihnen die Haut verbrüht, Funkenflug ihre Gesichter und die an der Lokwand verkrallten Hände wie mit Nadeln gestochen. Aus der Kleidung war während der Fahrt ein feines Sieb geworden.

In den letzten beiden Tagen wanderten wir auf der Trasse der zerstörten Autobahn. Auch hier stießen wir auf Granattrichter. Als wir schließlich am 4. Juli 1945 in Berlin-Grünau die Stadt betraten, war soeben die abendliche Sperrstunde eingetreten, ab der jeder ohne Sondergenehmigung bis zum anderen Morgen von der Straße fernbleiben musste. Ein Polizist nahm uns mit auf die Wache. Er und seine Kameraden hatten Mitleid mit uns elenden vier, und sie machten es uns für die Nacht im Revier bequem, so gut sie konnten. Sie redeten warmherzig mit Peter. Ein Polizist schenkte ihm sein Abendbrot, eine Leberwurstschnitte. An diesem Abend lachte der Kleine zum ersten Mal seit dem Görlitzer Kinderzimmer wieder. Und in glücklicher Entspannung machte er – zu Lillis Entsetzen – zum ersten Mal seit einem Jahr in die Hose.

Am folgenden Tag war es noch ein weiter Weg von Grünau nach Charlottenburg in Herberts Zimmer. Er führte durch endlose Trümmer und Ruinen, und manchmal vorbei an der Leiche eines Gehenkten. Die Toten trugen Plakate um den Hals, die alle mit demselben Satz beschriftet waren: „Ich bin ein Nazischwein."

Meine Stillen Helden

Meine Rettungsgeschichte ist der Erinnerung an unsere mutigen Helfer gewidmet:

Alfons Thienelt, der Polizist
Erna Scharf, verheiratete Raack, das Kindermädchen
Gerda Mez, die Arbeitskollegin
Marquis de Respaldizza, der Partisan
Horst Schneider, der Hotelier
Herr Hetschel, der Hotelier

Sie sind meine Stillen Helden.

Nachwort

von Barbara Schieb

Die Rückkehr ins zerstörte Berlin bedeutete für Familie Michalski das Ende ihrer Verfolgung. Doch der Neuanfang war schwer. Lebensmittel- und Wohnungsknappheit betrafen alle, auch Menschen, die während der NS-Diktatur gelitten hatten. Herbert, Lilli, Franz und Peter Michalski wohnten anfangs in der Mommsenstraße in Berlin-Charlottenburg, ab September 1945 konnten sie eine Dreieinhalb-Zimmer-Wohnung am Volkspark in Wilmersdorf beziehen.[1] Sie hatten bereits im Sommer 1945 einen Antrag als „Opfer des Faschismus" gestellt und sind vom Berliner Magistrat als solche anerkannt worden.[2]

Bis 1946 besuchte Franz das Gymnasium in der Joachimsthaler Straße, danach bis 1949 das katholische Canisius-Kolleg am Tiergarten. Peter bekam einen Platz im Kinderheim Finkenkrug in Falkensee bei Berlin, wo er wieder zu Kräften kam. Ab 1946 besuchte er die 3. Wilmersdorfer Volksschule. Herbert Michalski konnte seine alte Stelle als Einkäufer für Treibstoff, Rohstoffe und Verpackungsmaterial in der Firma Schwarzkopf wieder antreten. Den Söhnen ist in Erinnerung, dass ihr Vater einer der Ersten war, die nach 1945 ein privates Auto besaßen.

Die Blockade 1948/49 war ein besorgniserregendes Ereignis des Kalten Krieges, und das Ehepaar Michalski wollte nun endgültig Deutschland verlassen. Herbert bemühte sich um Auswanderungsmöglichkeiten nach Kanada, in die USA und nach Australien, war aber nirgends erfolgreich. Nun wollten sie wenigstens Berlin den Rücken kehren und nach Westdeutschland übersiedeln. Die Firma Schwarzkopf

1 Alle Informationen des folgenden Abschnitts stammen von Franz und Peter Michalski: E-Mails von Franz und Peter Michalski vom 11. 2. 2013.

2 OdF-Akte Herbert Michalski, Landesarchiv Berlin (LAB), C Rep. 118-01, Nr. 5837. Lilli Michalskis roter OdF-Ausweis befindet sich im Privatbesitz von Franz Michalski; s. Abbildung S. 124.

übergab Herbert die Vertretung für Nordrhein-Westfalen, und so zog die Familie nach Wuppertal, wo Herbert seine Tätigkeit am 1. Oktober 1949 begann. Lilli übernahm das Büro, und die Söhne kamen in verschiedene Internate. Franz und Peter waren nicht besonders glücklich über diese Lösung. Doch schon vier Jahre später strukturierte die Firma Schwarzkopf ihren Betrieb um und benötigte keine Vertreter mehr. Herbert Michalski musste seine Stelle in Wuppertal aufgeben.

Die Firma Schwarzkopf war nach der Blockade nach Hamburg umgezogen. Dort bekam Herbert einen Posten in der Außendienstleitung. Anfang 1953 zog die Familie ebenfalls nach Hamburg, und die beiden Söhne kehrten ins Elternhaus zurück. Lilli gab nun ihre Mitarbeit im Büro auf. Doch Herbert war unzufrieden mit der Firma Schwarzkopf und sah sich nach Alternativen um. Bei dem Düsseldorfer Kosmetik- und Hygieneartikel-Unternehmen Carl Hahn fand er eine befriedigende Position im Außendienstmanagement. 1963 konnte er seinen Traum vom eigenen Haus in einem Vorort von Düsseldorf verwirklichen. Wieder war ein Umzug nötig, doch Lilli fühlte sich hier nicht wohl. Sie war in Hamburg heimisch geworden, nicht zuletzt, weil Franz dort 1960 Petra Ulrich geheiratet hatte und der erste Enkelsohn Wenzel geboren worden war.

Lilli erkrankte an Krebs und starb 1966 mit 56 Jahren in Düsseldorf. Herbert verkaufte das Haus und ging eine neue Ehe ein, die jedoch nicht lange hielt. Nach seiner Pensionierung lebte er im Bergischen Land und konnte seiner Leidenschaft nachgehen: dem Reisen. Er starb 1993 mit 83 Jahren in Bergisch-Gladbach.

Franz Michalski besuchte Mitte der 1950er-Jahre in Hamburg eine Schauspielschule, wandte sich dann aber doch einer kaufmännischen Lehre zu und schloss sie 1957 in Hamburg ab. Er arbeitete bis Ende der 1960er-Jahre in Hamburg, wo die beiden Söhne Wenzel und Daniel 1962 und 1965 zur Welt kamen. 1969 zog die Familie nach Baden-Württemberg, wo er als Geschäftsführer eines Unternehmens der Boehringer Mannheim-Gruppe arbeitete. Nach seiner Pensionierung 1993 zog er mit seiner Frau Petra wieder nach Berlin.

Peter Michalski besuchte bis 1959 ein katholisches Gymnasium in Hamburg und machte danach eine kaufmännische Lehre im Im- und Export von Getreide- und Futtermitteln, die er 1962 abschloss. 1961 heiratete er die Serbin Dušanka Dinić. 1966 wurde ihre Tochter Milena geboren. Bis 1964 arbeitete er weiter in Hamburg. Danach machte er ein Volontariat im Auslandsdienst des Axel Springer Verlags und arbeitete bis 1967 als Redakteur in Hamburg. 1968 kam er in das Londoner Büro des Springer Verlages, das er dann von 1984 bis 2006 leitete. Heute lebt er mit seiner Frau als freier Journalist in London.

Allen vier Michalskis war ihre Überlebensgeschichte immer präsent, doch sie haben sich gegenüber anderen Personen außerhalb der Familie nie dazu geäußert. Ein eindeutiges Verhältnis zu einer Religion hat keiner von ihnen gefunden. Lilli blieb katholisch getauft, praktizierte diesen Glauben aber nicht. Herbert war phasenweise überzeugter Katholik, weswegen er darauf bestand, dass seine Söhne katholische Schulen besuchten. Er starb jedoch als Atheist, wie seine Söhne berichten. Franz und Peter Michalski haben sich heute von jeder Religion gelöst.

Am 14. September 2006 besuchten Petra und Franz Michalski eine Veranstaltung der Gedenkstätte Deutscher Widerstand, in der die Amerikanerin Evy Woods, geb. Goldstein,[3] von ihren Erlebnissen als untergetauchtes jüdisches Mädchen während der NS-Zeit in Deutschland erzählte. Die Zeitzeugin berichtete nicht nur von ihren Erinnerungen an die vielen Stationen und Quartiere, an die Helfer und die verschiedenen angstbesetzten Situationen, sondern auch davon, wie schwer es für sie und ihre Mutter war, in der Nachkriegszeit in ein „normales“ Leben zu finden. Auch vom Antisemitismus der frühen Nachkriegsjahre in Deutschland berichtete sie, und dieses Thema war der Auslöser dafür, dass sich Franz Michalski im Publikum erhob und rief: „Wem sagen Sie

3 Im Medientisch der Gedenkstätte Stille Helden wird ihr Schicksal in der Geschichte „Netzwerk der Hilfe“ erzählt. Martina Voigt, Grüße von „Ferdinand“. Elisabeth Abeggs vielfältiger Einsatz für Verfolgte, in: Beate Kosmala/Claudia Schoppmann (Hrsg.), Sie blieben unsichtbar. Zeugnisse aus den Jahren 1941 bis 1945, Berlin 2006, S. 104–115.

das!“ Daraufhin fragte Frau Dr. Claudia Schoppmann: „Haben Sie sich da eben geoutet?“ Herr Michalski bestätigte: „Ich war selber ein untergetauchtes Kind.“

An jenem Abend äußerte er sich zum ersten Mal öffentlich zu seiner Überlebensgeschichte während der NS-Zeit. In der Folgezeit traten wir in persönlichen Kontakt mit ihm und erfuhren, dass er seine Geschichte längst aufgeschrieben hatte. Die Niederschrift war von seiner Nichte Milena angeregt worden, deren Vater Peter Michalski nur sehr wenige Erinnerungen an die Zeit der Verfolgung hatte. Sie bat also ihren Onkel, die Geschichte der Familie in der NS-Zeit aufzuschreiben, damit die Erinnerung an sie nicht verloren geht. Diesem Wunsch ist Franz Michalski 1994 nachgekommen. Er wurde in diesem Jahr 60 Jahre alt und schrieb innerhalb weniger Wochen die Ereignisse während der NS-Zeit, die zum Überleben seiner Familie führten, nieder.

Dieses Manuskript bildet die Grundlage für die vorliegende Publikation. Franz Michalski stützte sich auf einige Papiere im Familienbesitz, die vermutlich deswegen erhalten sind, weil seine Eltern sie während der Untergrundzeit bei sich trugen.[4] Eine andere Quelle sind seine Erinnerungen. Man könnte annehmen, dass ein zehnjähriges Kind keine so präzisen Erinnerungen an die sehr komplexen Zusammenhänge haben kann. Doch Franz Michalski berichtet von einem dramatischen Ereignis, das in seinem Gedächtnis haften bleib: Im Herbst 1945 hatten alle Mitglieder der Familie giftige Pilze verzehrt, und Lilli glaubte an jenem Abend sterben zu müssen. In den vermeintlich letzten Stunden ihres Lebens erzählte sie ihrem ältesten Sohn die ganze Geschichte ihrer Verfolgung während der NS-Zeit, von ihrem Untertauchen, ihren Helfern und dem mühseligen Überleben. An diesem Abend verstand Franz Michalski seine eigenen Erlebnisse und konnte das, was er erlebt hatte, ein- und zuordnen. In der Folgezeit haben alle Familienmitglieder

4 Seit September 2006 stehe ich mit Petra und Franz Michalski in regelmäßigem Kontakt. Viele Informationen stammen aus diesen Gesprächen, die bei verschiedenen Gelegenheiten geführt wurden. Daher kennzeichne ich die einzelnen Quellen dieser Gespräche nicht.

immer wieder einmal über dieses oder jenes Detail ihres Überlebens gesprochen, doch ist es nie wieder zu einer Gesamterzählung gekommen wie in jener Nacht.

Durch den Kontakt zu Franz Michalski war es uns möglich, in der 2008 eröffneten Gedenkstätte Stille Helden eine Vitrine der Rettungsgeschichte von Lilli Michalski und ihrer Familie zu widmen.[5] Sie steht beispielhaft für die Verfolgungs- und Überlebensgeschichten von „Mischehen" und „Mischlingen".

Der Ursprung der Familien Michalski und Brann liegt in Breslau. Dort wuchsen Franz und Peter Michalskis Eltern auf und machten ihre Ausbildung. Sie heirateten im Dezember des Jahres 1933, ein knappes Jahr nach Hitlers Machtantritt, als die ersten gesetzlichen Maßnahmen gegen Juden schon erlassen worden waren. Doch Ehen zwischen Juden und Nichtjuden waren noch erlaubt. Herbert Michalski gehörte zu den wenigen deutschen Nichtjuden seiner Zeit, denen religiöse und rassistische Vorurteile fremd waren. Er liebte seine Frau und hatte sich entschlossen, trotz der drohenden Nachteile, trotz der zu befürchtenden Schwierigkeiten seiner Familie ein geordnetes und glückliches Leben zu ermöglichen. An diesem Ziel hielt er beharrlich fest, auch wenn er sich bewusst war, dass er große Gefahren in Kauf nehmen musste, um seine Frau und Kinder zu beschützen.

Auch nach Lillis Konversion zum Katholizismus war spätestens 1935 mit den „Nürnberger Rassengesetzen" klar, dass sich an ihrem „rasserechtlichen" Status als Jüdin nichts ändern würde.[6] Da jedoch Herberts Vertretung in Görlitz weiterhin florierte, fiel ihnen der Entschluss zur Auswanderung schwer. Sie erkannten zwar die Zeichen der Zeit, wähnten

5 Katalog Gedenkstätte Stille Helden. Widerstand gegen die Judenverfolgung, hrsg. von der Gedenkstätte Stille Helden in der Stiftung Gedenkstätte Deutscher Widerstand, 2. überarbeitete Aufl., Berlin 2009, S. 108–111.

6 Wie unterschiedlich die Behandlung von Jüdinnen war, die mit Nichtjuden eine sogenannte Mischehe führten, zeigt Wolfgang Benz, Überleben im Untergrund. Zwischen „Ariern" und „Nichtariern", in: ders. (Hrsg.), Die Juden in Deutschland 1933–1945. Leben unter nationalsozialistischer Herrschaft, 4. Aufl., München 1996, S. 684–690.

sich jedoch nicht unmittelbar betroffen. Erst als die Unternehmen jüdischer Besitzer nach dem Pogrom am 9. November 1938 „arisiert“[7] wurden, waren auch die Geschäfte christlicher Partner von „Mischehen“ nicht mehr sicher. Es herrschte Willkür, die auch Herbert Michalski mit der schnell erzwungenen Aufgabe seiner Görlitzer Vertretung erleben musste.[8] An diesem Punkt werden die Verhaltensweisen eines großen Unternehmens wie der Firma Schwarzkopf und ihre Anpassungstendenzen nach außen sichtbar. Hinzu kamen die überschaubaren Strukturen einer kleineren Stadt wie Görlitz.[9] Herbert Michalski und seine Familie hätten dort wohl keine ruhige Minute mehr gehabt.

Spätestens ab diesem Zeitpunkt wussten Herbert und Lilli, dass sie beide – wenn auch auf unterschiedliche Weise – zu den Verfolgten gehörten. Die Idee, Deutschland zu verlassen, war eine Option, die sie erwogen und organisatorisch betrieben. Die Einzelheiten, zu welchen katholischen Stellen Herberts Bruder Richard Kontakt aufnahm, sind heute nicht mehr bekannt.[10] Dass die Familie Michalski dann im Frühjahr 1939 Deutschland doch nicht verließ, hatte verschiedene

7 1. Verordnung zur Ausschaltung der Juden aus dem deutschen Wirtschaftsleben vom 12. November 1938; Joseph Walk, Das Sonderrecht für die Juden im NS-Staat, Heidelberg 1996, S. 254.

8 Die Bestimmungen bezüglich der nichtjüdischen Ehepartner einer „Mischehe“ und ihrer Geschäfte waren uneindeutig. Während des Pogroms im November 1938 galt alles als „jüdisch“, was so benannt wurde. Schon beim Boykott am 1. April 1933 hieß es: „Wenn bei Geschäftsinhabern der Mann Jude, die Frau Christin ist oder umgekehrt, so gilt das Geschäft als jüdisch.“ Victor Klemperer, Ich will Zeugnis ablegen bis zum letzten. Tagebücher 1933–1945, hrsg. von Walter Nowojski unter Mitarbeit von Hadwig Klemperer, Berlin 1995, Eintrag 31.3. 1933, S. 16.

9 Christoph Kreutzmüller/Ingo Loose/Benno Nietzel, Nazi Persecution and Strategies for Survival. Jewish Business in Berlin, Frankfurt am Main and Breslau 1933–1942, in: Yad Vashem Studies 39 (2011) 1, S. 31–70, bes. S. 33, 48 f.

10 Lutz-Eugen Reutter, Katholische Kirche als Fluchthelfer im Dritten Reich, Recklinghausen/Hamburg 1971, Kap. V „Brasilaktion“, S. 141 ff. Hier wird allerdings das Scheitern der meisten Bemühungen nach dem Kriegsbeginn am 1. 9. 1939 beschrieben.

Gründe. Der schwerwiegendste war wohl Lillis Sorge um ihren Vater. Da ihre Schwester Clara gerade nach London emigriert war, wollte sie ihn nicht alleine zurücklassen.

Andere Familienmitglieder hatten Deutschland bereits den Rücken gekehrt: Lillis Tanten Jenny Blume, die 1867, und Gertrud Hahn, die 1879 in Breslau geboren wurden, waren schon seit Jahren auf Reisen. Sie hatten sich um ihre Nichten Clara und Lilli gekümmert, nachdem ihre Schwester Helene früh gestorben war. Jenny Blume war mit ihrer Eheschließung 1898 britische Staatsangehörige geworden[11] und hatte daher während der NS-Zeit wenig Probleme – weder mit den Reisen noch mit den antijüdischen Gesetzen. Sie und ihre Schwester Gertrud Hahn ließen sich dauerhaft im schweizerischen Lausanne nieder, von wo aus sie Kontakt nach Breslau hielten, solange es möglich war. Die vermögende Jenny Blume hatte etliche Hypothekenzinsen aus Deutschland zu bekommen und stand nach Kriegsbeginn in langjähriger Korrespondenz mit der Devisenstelle des Oberfinanzpräsidenten Berlin-Brandenburg. Sie konnte aufgrund ihrer britischen Staatsangehörigkeit nicht belangt werden, im Gegensatz zu ihrer Schwester Gertrud Hahn, die ihre Staatsangehörigkeit verlor und deren Vermögen nach der 11. Verordnung des Reichsbürgergesetzes vom 25. November 1941 dem Reich verfiel.[12]

Herbert Michalski war tatkräftig und agil. Er wusste immer, was zu tun war. Seine schier unerschöpfliche Energie bezog er aus dem guten Verhältnis zu seinen Eltern und Geschwistern, die vorbehaltlos zu ihm, seiner Frau und den Kindern standen. Vor allem auf seinen Bruder Richard (1903–1985) konnte er sich verlassen, ebenso auf seine Mutter

11 Brandenburgisches Landeshauptarchiv (BLHA), Oberfinanzpräsident Berlin-Brandenburg, Rep. 36A, G 324/0, französische Übersetzung vom 27. 5. 1942 der Heiratsurkunde (10. 5. 1898) Jenny Hahn und dem Engländer Bernhard Blume, unpaginiert.

12 Walk, Das Sonderrecht für die Juden, S. 357, und BLHA, Oberfinanzpräsident Berlin-Brandenburg, Rep. 36A, H466, G 4146 und Rep. 36A II, 13513, Bl. 7, 9 und 12.

Hedwig (1867–1949) sowie seine Schwestern Frieda Signus (1902–1978) und Lucy Vorpahl (1904–1970).

Was sich wie eine Selbstverständlichkeit anhören mag, war oft genug mit familiären Problemen und sogar Zerwürfnissen verbunden. Viele „gemischte“ Ehen zwischen Juden und Nichtjuden zerbrachen nach 1933 unter dem Druck der Verfolgung und Stigmatisierung.[13] Andere Ehen blieben gerade wegen der von außen auf sie einstürmenden Verfolgung bestehen, weil der nichtjüdische Ehegatte ahnte, dass der jüdische Partner durch die „Mischehe“ einen gewissen Schutz haben würde.[14] Nicht immer gestaltete sich das Verhältnis zwischen dem nichtjüdischen Partner und dessen christlicher Familie so gut wie bei Herbert Michalski. Deshalb war es tatsächlich ein glücklicher Umstand, dass Lilli mit Franz Anfang 1939 wieder nach Breslau in die Nähe der Michalskis und Branns zog. Auch wenn sie unter Zahlung einer Strafe die stigmatisierende Kennkarte mit dem eingeprägten „J“ beantragen musste, fühlte sich Lilli nicht völlig als Teil der verfolgten Breslauer Juden. Lillis Zwiespalt in Bezug auf ihre Herkunftsreligion und dem angenommenen Katholizismus hat Franz Michalski eindrücklich geschildert. Sie gehörte zwar zu den verfolgten Juden, aber sie war nicht ebenso bedroht wie ihr Vater Berthold Brann (*18. 4. 1868), der sich vermutlich vor der bevorstehenden Deportation am 14. Juli 1942 das Leben nahm, wie ihre Stiefmutter Liesbeth Brann, die am 4. März 1943 von Riebnig nach Auschwitz deportiert wurde, oder ihre drei Jahre ältere Schwester Clara, die im September 1938 noch rechtzeitig emigrieren konnte.

13 Dazu gibt es keine Statistik. Dass die Zahl der „Mischehen“ im Deutschen Reich von schätzungsweise 35 000 im Jahr 1932 auf 20 454 im Jahr 1939 abnahm, beruhte auf Scheidung und Auswanderung. Beate Meyer, „Jüdische Mischlinge“. Rassenpolitik und Verfolgungserfahrung 1933–1945, Hamburg 1999, S. 25.

14 Ursula Büttner, „Wohl dem, der auf die Seite der Leidenden gehört“. Der Untergang des Dichters Jochen Klepper mit seinen jüdisch-christlichen Angehörigen, in: dies./Martin Greschat, Die verlassenen Kinder der Kirche. Der Umgang mit Christen jüdischer Herkunft im „Dritten Reich“, Göttingen 1998, S. 123–149, bes. S. 126 ff.

Die Verfolgungsgeschichte der „Mischehen" und „Mischlinge" kam erst spät in den Blick der historischen Forschung.[15] Wegen der regional unterschiedlichen Behandlung durch die NS-Behörden ist es schwer, allgemeingültige Aussagen zu treffen.[16] Jede Geschichte verlief individuell, und auch die Geschichte der Familie Michalski weist viele Besonderheiten auf. Die Ehe gehörte nach NS-Definition zu den „privilegierten Mischehen".[17] Lilli war katholisch getauft, galt aber als Jüdin. Der nichtjüdische Herbert war Haushaltsvorstand und wurde daher als der wichtigere Teil der Ehe angesehen. Die katholisch getauften Kinder Franz und Peter waren „Mischlinge" 1. Grades. Aus der Rückschau wissen wir, dass diese Personengruppe wahrscheinlich auch ohne Untertauchen überlebt hätte. Doch die Bedrohung wurde von den Betroffenen ganz anders wahrgenommen. Ab Deportationsbeginn im Herbst 1941 wussten sie nicht, was mit ihnen geschehen würde. Völlige Unsicherheit prägte auch das Leben der Familie Michalski zwischen 1941 und 1945. Lilli hegte beispielsweise Zweifel, ob es ratsam sei, den Judenstern zu tragen, da viele Breslauer Bekannte wussten, dass sie Jüdin war. Gesetzlich verpflichtet war sie dazu nicht. Darüber sprechen konnte Lilli nur mit ihrer einzigen Vertrauten, der ebenfalls in „Mischehe" lebenden Eva Parik.[18] Franz hat seine Mutter nie mit dem Judenstern gesehen, und er vermutet heute, dass sie sich jeden Gang aus der Wohnung gut überlegte.

15 Ursula Büttner, Die Not der Juden teilen. Christlich-jüdische Familien im Dritten Reich. Beispiel und Zeugnis des Schriftstellers Robert Brendel, Hamburg 1988. Robert Brendel war der „arische" Teil der Familie, seine Frau Xenia war Jüdin. Ihre Kinder waren „Mischlinge". Durch viele erhaltene und dort veröffentlichte Briefe ist ein tiefer Einblick in die existenziellen Sorgen dieser Familie möglich.

16 Meyer, „Jüdische Mischlinge", S. 15, nimmt die Hamburger Region als Schwerpunkt. Siehe auch Kerstin Meiring, Die Christlich-Jüdische Mischehe in Deutschland 1840–1933, Hamburg 1998, S. 86–91.

17 Beate Meyer, „Jüdische Mischlinge", S. 30.

18 Eva Parik, geb. Caspari, *5. 9. 1905 in Breslau, wurde bei der Volkszählung 1939 als „Volljüdin" und ihr Sohn Jan Parik, *25. 5. 1936 in Breslau, als „Mischling" registriert. Sie wohnten in Breslau, Straße der SA 21, Bundesarchiv (BArch) R 1509, Volkszählung.

Der letzte große Deportationstransport mit 1404 Juden hatte Breslau nach der „Fabrik-Aktion“ am 4. März 1943 in Richtung Auschwitz verlassen.[19] Danach lebten noch circa 200 Juden in „Mischehen“ in der Stadt.[20] Wohl aus diesem Grund war es dem Polizisten Alfons Thienelt, der vermutlich im „Judenreferat“ der Breslauer Stapoleitstelle arbeitete, im Herbst 1944 kaum noch möglich, die Karteikarten der Familie Michalski hinter den anderen verschwinden zu lassen.

Franz Michalski kann heute nur erahnen, was seine Eltern im Jahr 1944 vom Mord an den Juden wussten. Sie hatten die Verschleppung der Breslauer Juden, Lillis Verwandten und den Tod des Vaters bzw. Schwiegervaters erlebt. Von den deportierten Verwandten kam kein Lebenszeichen mehr. Dies machte sie so misstrauisch, dass sich Herbert Michalski darauf vorbereitete, sich in Zukunft allen behördlichen Anweisungen zu entziehen. So war die Aufforderung zur Zwangsarbeit Mitte Oktober 1944 sowohl für Lilli in Breslau als auch für Herbert in Berlin das ultimative Signal für das Untertauchen der ganzen Familie. Zwar geschah dies vergleichsweise spät,[21] doch schon in den eineinhalb Jahren davor war jeder Tag voller Unwägbarkeiten gewesen. Das „provisorische Untertauchen“ von Lilli mit ihren beiden Söhnen zwischen Oktober und Dezember 1943 zeigt die völlige Ungewissheit über ihre Zukunft und ihre jederzeit erwartete Deportation. Diese Unsicherheit war ein Charakteristikum aller Betroffenen aus „gemischten“ Familien. Sie war viel ausgeprägter als bei den „Volljuden“, die ziemlich klar wussten, was ihnen drohte, und sich in den Jüdischen Gemeinden eng zu-

19 Alfred Gottwaldt/Diana Schulle, Die „Judendeportationen“ aus dem Deutschen Reich 1941–1945, Wiesbaden 2005, S. 457.

20 Katharina Friedla, Ego-Dokumente als Quellen zu Lebenswelten der Breslauer Juden, www.bkge.de/download/Friedla_Egodokumente.pdf, S. 10 (2. 7. 2013). Dieselbe Zahl nennt Karla Wolff in ihren Memoiren: Ich blieb zurück. Erinnerungen an Breslau und Israel, Berlin 2012, S. 83.

21 Juden, die nicht durch eine „Mischehe“ geschützt waren, mussten in der Regel spätestens zur Fabrik-Aktion am 27. 2. 1943 untertauchen. Wolfgang Benz, Überleben im Untergrund, in: ders. (Hrsg.), Die Juden in Deutschland 1933–1945, S. 660–674, hier S. 661.

sammenschlossen und ein starkes Zusammengehörigkeitsgefühl entwickelten. Lilli erlebte dies bei ihrem Vater, der vermutlich die neuen jüdischen Selbsthilfeorganisationen wie die Winterhilfe unterstützte.[22]

Lilli Michalski war in der Breslauer Jüdischen Gemeinde als ein aus dem Judentum ausgetretenes Mitglied registriert und somit bei der Gestapo aktenkundig. Der Jüdischen Gemeinde fühlte sie sich jedoch genauso wenig zugehörig wie der katholischen Kirche. Weder im überwiegend protestantischen Görlitz noch im multi-religiösen Breslau pflegten Lilli und Herbert ihren katholischen Glauben. Vonseiten der katholischen Kirchengemeinde gab es keinen Kontaktversuch, geschweige denn ein Hilfsangebot. Als sich im November 1944 Herberts Bruder Richard an die katholische Kirche wandte, um Unterstützung für seinen Bruder zu erbitten, wurde er nicht an die zuständige Stelle verwiesen, sondern mit einem nichtssagenden Zeugnis der katholischen Seelsorgekuratie abgespeist.[23] Familie Michalski hat auf diese Art und Weise nie erfahren, dass die katholische Kirche doch eine kleine Anlaufstelle für „jüdische Christen" unterhielt. Sie wussten nichts von Gabriele Gräfin Magnis in Beuthen, die sich der katholisch getauften „Nichtarier" in der Diözese Breslau annahm.[24] Da sie in Beuthen agierte, erfuhren die Betroffenen in Breslau wohl nichts von ihrem Wirken.

Selbsthilfe war der einzige Ausweg, den Herbert Michalski sah, denn die jüdischen Gemeinden wurden immer mehr gezwungen, als Erfüllungsgehilfen der NS-Behörden zu fungieren,[25] und in der katho-

22 Ungefähr die Hälfte der Breslauer Juden war 1936 auf Spenden der Jüdischen Winterhilfe angewiesen. Eberhard Jäckel/Peter Longerich/Julius Schoeps (Hrsg.), Enzyklopädie des Holocaust. Die Verfolgung und Ermordung der europäischen Juden, Bd. 1, Eintrag Breslau, S. 240.

23 Siehe Dokument S. 120 unten.

24 Jana Leichsenring, Gabriele Gräfin Magnis – Sonderbeauftragte Kardinal Bertrams für die Betreuung der katholischen „Nichtarier" Oberschlesiens: Auftrag – Grenzüberschreitung – Widerstand?, Stuttgart 2000.

25 Beate Meyer, Tödliche Gratwanderung. Die Reichsvereinigung der Juden in Deutschland zwischen Hoffnung, Zwang, Selbstbehauptung und Verstrickung

lischen Kirche waren es nur Einzelne, die sich des Schicksals der Juden oder „Mischehen“ annahmen.[26]

Franz Michalski beschreibt, wie wichtig die Gespräche mit dem befreundeten Ehepaar Eva und Ferry Parik waren. Menschen in derselben Lage waren nahezu die Einzigen, denen man vertrauen konnte.[27] Die Einsamkeit dieser Familien muss unvorstellbar gewesen sein. Vom Untertauchen der vier Michalskis wussten nur Herberts Familie und die Pariks.[28]

Auf eigene Faust das Überleben zu organisieren war schwierig, weil man für das Untertauchen oft mehrere Menschen ins Vertrauen ziehen musste. Franz Michalski erzählt, wie strategisch sein Vater seit seinem Arbeitsbeginn bei der Firma Schwarzkopf Anfang 1939 vorging, um Kontakte zu Menschen zu knüpfen, die in Bezug auf Quartiere und andere Ressourcen hilfreich erschienen.

In Breslau war Richard Michalskis Schulkamerad, der Schneider Alfons Thienelt, solch eine Vertrauensperson. Als Polizist saß er an einer wichtigen Stelle, an der er mit lebenswichtigen Informationen helfen konnte. Thienelt erfuhr von bevorstehenden Aktionen gegen Juden und „Mischehen“ und warnte seinen Freund Richard Michalski immer rechtzeitig. Es ist nicht bekannt, ob er die Zielorte der Deportationen kannte. Auch wenn er nicht wusste, wohin die Züge fuhren, missbilligte er doch die menschenverachtende Art und Weise seiner Behörde,

(1939–1945), Hamburg 2012; in dem Kapitel „Die Bezirksstellen“ kommen ein paar wenige Einzelheiten über die Breslauer Bezirksstelle vor, S. 251–263, bes. S. 258 f.

26 Beispielsweise Dr. Margarete Sommer, die die Hilfsstelle des bischöflichen Ordinariats für getaufte Juden in Berlin leitete. Jana Leichsenring, Die katholische Kirche und „ihre“ Juden. Das „Hilfswerk beim Bischöflichen Ordinariat Berlin“ 1938–1945, Berlin 2007, S. 270–282.

27 Franz und Peter Michalski ist es in den letzten Jahren nicht gelungen, ihren Kontakt aus den 1960er-Jahren zu dem in Prag lebenden Fotografen Jan Parik wiederaufzunehmen.

28 Ebenfalls im Herbst 1944 tauchte die Breslauer „Mischfamilie“ Grabowski unter. Siehe Wolff, Ich blieb zurück, S. 97–113.

die Breslauer Juden zu entrechten, zu kasernieren und dann in großen Transporten an unbekannte Orte zu bringen.

Was wäre Alfons Thienelt passiert, wenn Kollegen oder Vorgesetzte der Stapoleitstelle Breslau herausgefunden hätten, dass er Dienstgeheimnisse nicht für sich behielt? Es lässt sich nur darüber spekulieren, welcher Stellenwert diesem „Geheimnisverrat“ innerhalb der Breslauer Gestapo beigemessen worden wäre. Wäre Thienelt angezeigt oder denunziert worden, hätte man gegen ihn einen Prozess angestrengt, an dessen Ende er wegen „Heimtücke“ oder anderer Tatbestände verurteilt worden wäre.[29] Doch er agierte so vorsichtig, dass er nicht auffiel. Er gehörte zu den wenigen Menschen, die in den Strukturen der Macht Widerstand leisteten, indem sie Informationen weitergaben.[30] Alfons Thienelt handelte ganz bewusst und er hatte sich für diese Hilfe entschieden, weil er einen Spielraum des Handelns an seinem Arbeitsplatz sah und weil er den vier Menschen helfen wollte, die er persönlich kannte.

Erna Scharf, später Raack (1916–2003), das Haus- und Kindermädchen, das 1934 mit achtzehn Jahren zu den Michalskis kam, fühlte sich dort gut aufgehoben. Sie knüpfte tiefe menschliche Bindungen zur Familie, weil Herbert und Lilli sie respektvoll behandelten und der Ziehsohn Franz ihr ans Herz gewachsen war. Ihr Vater Ernst Scharf wusste es als Regimegegner zu schätzen, dass sie in diesem Haushalt arbeitete, in dem die NS-Regierung abgelehnt wurde. So entwickelte sich aus der Arbeitgeber-Angestellten-Beziehung ein tiefes Vertrauensverhältnis. Erna und ihre Eltern verwarfen jeden Gedanken, dass ihr Kontakt zur jüdischen Lilli für sie von Nachteil sein könnte. Erna pflegte diese

29 Es gab nur sehr wenige Männer in Polizei- und Gestapostrukturen, die so handelten wie Thienelt. Prozesse gegen widerständige Polizeibeamte sind bisher nicht bekannt. Deutsche Hochschule der Polizei/Florian Dierl u. a. (Hrsg.), Ordnung und Vernichtung. Die Polizei im NS-Staat, Dresden 2011, S. 260–279.

30 Bernward Dörner, Die Deutschen und der Holocaust. Was niemand wissen wollte, aber jeder wissen konnte, Berlin 2007, Kap. Individuelles und gesellschaftliches Wissen, S. 301–416.

Freundschaft auch nach dem Wegzug von Görlitz und besuchte die Familie Michalski in Breslau, wo inzwischen ihre erkrankte Schwester Else in einer Klinik untergebracht war. Erna holte Franz ab 1942 jeden Sommer nach Thiemendorf in die Ferien, um Lilli zu entlasten. Als die Familie im Herbst 1944 lebensgefährlich bedroht war, nahmen Erna und ihre Eltern im November 1944 die beiden Söhne in ihre Obhut. Vorher halfen sie dabei, einen Teil des Breslauer Hausrats in Thiemendorf unterzubringen. Sie taten dies mit einer Selbstverständlichkeit, über die sie nie ein Wort verloren.

Die Eltern Ida und Ernst Scharf bewirtschafteten den Hof in Thiemendorf gemeinsam mit ihrer Tochter Else, während Erna in der Görlitzer Waggonbaufirma arbeitete. Erna heiratete im April 1943 Herbert Raack. Im Juli 1943 brachte sie ihren Sohn Karl-Heinz zur Welt. Vor diesem familiären Hintergrund ist es nicht hoch genug einzuschätzen, dass die Scharfs der Familie Michalski anboten, ihre Söhne illegal aufzunehmen. Erna Raack und ihre Eltern wussten genau, auf welches Risiko sie sich einließen: Ernst Scharf hatte 1937/38 im Gefängnis[31] gesessen und somit am eigenen Leib erfahren, was es heißt, gegen den NS-Staat aktiv zu werden. Nach seiner Haft machte er sich 1940 als Bauer selbstständig und hoffte, dadurch der Beobachtung zu entgehen. Seine Meinung gegenüber dem Regime hatte er nicht geändert, aber er behielt sie nun für sich.

Als Franz und Peter bei den Scharfs waren, muss es für Erna sehr belastend gewesen sein, den vierjährigen Peter nicht wirklich beruhigen zu können. Erna wusste, dass der Kleine nicht dasselbe Vertrauensverhältnis wie Franz zu ihr entwickeln konnte. So wurde Franz die wichtigste Bezugsperson für seinen jüngeren Bruder. Neben der täglichen Aufgabe, die beiden Jungen zu beschäftigen und von ihrem Kummer abzulenken, mussten alle Familienmitglieder auf ihre

31 Er war im Görlitzer Gerichtsgefängnis inhaftiert. Ernst Scharf, „Politischer Tätigkeitsbericht“ vom 29. 1. 1952, Hauptstaatsarchiv Dresden, Bestand 11430, Bezirkstag/Rat des Bezirkes Dresden, VdN-Akten Nr. 8235, Bl. 3.

Wortwahl achten und darüber hinaus genau registrieren, was sich in ihrer Umgebung veränderte. Sie hatten eine Art siebten Sinn für gefährliche Situationen entwickelt und benachrichtigten die Eltern Michalski in der ersten Februarhälfte 1945, als sie befürchteten, dass es nur eine Frage der Zeit sei, bis die Identität der beiden Jungen entdeckt würde. Zu häufig kamen Feldgendarme auf ihrem Hof vorbei und suchten Deserteure. Erna nahm ihr Versprechen den Eltern Michalski gegenüber sehr ernst, die beiden Jungen im Notfall großzuziehen. Wenn Scharfs gefasst worden wären, wären auch Franz und Peter zu Schaden gekommen. Daher handelte Erna verantwortungsvoll, als sie Lilli und Herbert Anfang Februar 1945 signalisierte, dass die Kinder bei ihr nicht mehr sicher seien.

Als die Familie Michalski nach dem Ende des Krieges im Juni 1945 in Thiemendorf vorbeikam, waren sie eigentlich auf dem Weg nach Breslau. Sie erfuhren erst in Görlitz, dass sie nicht in ihre frühere Heimat zurückkehren konnten. Die Familie Scharf/Raack war glücklich, dass alle vier Michalskis überlebt hatten. Den Inhalt der untergestellten Kisten konnten sie nicht retten, mit Ausnahme einiger Fotos, die für die Plünderer unwichtig waren. Eine Auswahl kann hier gezeigt werden. Lilli und Herbert waren ihrerseits froh, dass die Familie Scharf die NS-Zeit und das Kriegsende überstanden hatte. Erst später erfuhren Michalskis, dass Ernas zweijähriger Sohn Karl-Heinz im Juli 1945 an einem verunreinigten Medikament gestorben war. 1948 bekam Erna ihren zweiten Sohn Helmut. Dessen spätere Frau Christel kam Mitte der 1960er-Jahre ins Haus, und Erna wurde für ihre Schwiegertochter eine Ersatzmutter, da Christel ihre Mutter mit neun Jahren verloren hatte.

Als die Familie Raack 1984 die DDR verlassen konnte und nach Tübingen zog, intensivierte sich der Kontakt zur Familie Michalski wieder, die auch in der Bundesrepublik lebte. Franz Michalski hat in Erna immer seine Ziehmutter gesehen, die ihm und seiner Familie das Leben rettete. Da Erna in ihrer eigenen Familie nie viel über ihre Hilfe für Familie Michalski gesprochen hatte, war dieser lange nicht klar, in welche Gefahr sich Erna Raack und die Familie Scharf damals begeben hatten.[32] Erna Raack ist eine typische „Stille Heldin", die bestimmt gesagt hätte, dass es für sie und ihre Eltern völlig selbstverständlich gewesen sei, die beiden Jungen bei sich aufzunehmen.

Herbert Michalski sah sich ab 1939 innerhalb der Firma Schwarzkopf um, wem menschlich und politisch zu trauen war. Unter den Berliner Kollegen kannte er die alleinstehende Gerda Mez (1911–2002) schon länger, die für Schwarzkopf als „Haarspezialistin" arbeitete. Sie wuchs mit ihrer vier Jahre älteren Schwester Luzie in Berlin auf. Gerda war von Geburt an durch eine Deformation der Hände leicht behindert.[33] Sie musste früh lernen, was es bedeutete, anders als die Mehrheit zu sein. Möglicherweise entwickelte sie dadurch ein schärferes Unrechtsbewusstsein. 1911 in Offenbach geboren, wuchs sie in Berlin auf und begann mit 16 Jahren eine Schneiderlehre, beendete sie jedoch nicht und arbeitete von 1929 bis 1933 als Vorführdame im Großen Schauspielhaus.[34] Ab 1934 war sie kontinuierlich für die Firma Schwarzkopf tätig. Sie hatte Herbert Michalski von ihren Problemen mit ihrem jüdischen Freund Julius Gerson erzählt, der aus einem Textilunternehmen in Berlin stammte und nun in Danzig lebte, weil er hoffte, im Freistaat eher den antijüdischen Verfolgungen entgehen zu können. Von dort aus emigrierte er nach Palästina.[35] Gerda Mez ließ sich nach Danzig versetzen, um ihrem Freund nahe zu sein. Sie pflegte etliche Freundschaften zu Juden, die sie auch nach 1933 völlig selbstverständlich weiterführte.[36]

32 Auskunft von Christel Raack in verschiedenen Telefonaten in den Jahren 2008 bis 2013.

33 Auskunft von Franz Michalski und Gerda Mez' Neffen, Dr. Lutz Mez.

34 Die Angaben stammen aus dem Arbeitsbuch von Gerda Mez, in dem ihr beruflicher Werdegang und ihre Arbeitsstellen verzeichnet sind, S. 3 ff. Privatbesitz Dr. Lutz Mez, Berlin.

35 Zur Volkszählung im Mai 1939 hatte er Deutschland schon verlassen, BArch R 1509, Volkszählung.

36 Gespräch Dr. Lutz Mez mit der Verf., 8. 5. 2013.

So kam es im Berliner Betrieb Schwarzkopf zwischen Herbert Michalski und Gerda Mez zu einer Kollegialität, die Gespräche über private Sorgen ebenso wie einen Gedankenaustausch über ihre gemeinsame ablehnende Haltung dem NS-Staat gegenüber einschloss. Man kann davon ausgehen, dass Gerda Mez alle weiteren gesetzlichen Einschränkungen gegen Juden in Deutschland bewusst wahrnahm. Ihr vertraute Herbert Michalski so sehr, dass er später seine Pläne mit ihr besprach, bevor die Familie tatsächlich untertauchen musste. Wie mit Herbert Michalski verabredet, fuhr Gerda am 17. Oktober 1944 umgehend von Berlin nach Breslau, traf am Bahnhof Lilli mit den beiden Jungen und fuhr mit ihnen weiter ins österreichische Feldbach. Sie schützte Lilli durch das Vorzeigen ihres Reisepasses bei den Kontrollen im Zug. Sie wusste, dass es lebenswichtig war, Lilli, Franz und Peter sicher an ihren Zielort zu begleiten.

Als sie selbst Anfang des Jahres 1945 mit ihrer Firma von Berlin nach Tetschen-Bodenbach umzog, hatte sie ihre untergetauchten Freunde weiterhin im Blick. Es bestanden Kommunikationslinien zwischen ihr und Herbert Michalski, von denen Franz nichts wusste. So bleibt bis heute ungeklärt, auf welchem Weg die Verfolgten mit ihrer Helferin den Kontakt aufrechterhielten. Fest steht jedoch, dass Herbert und Lilli wussten, dass Gerda Mez sie in ihrem Tetschener Hotelzimmer beherbergen würde.

Die Reisen, die Lilli und Herbert im November 1944 von Feldbach nach Görlitz und von dort ins jugoslawische Partisanengebiet unternahmen, um sich dann im Februar 1945 wieder nach Görlitz, Dresden und Tetschen zu begeben, machten sie ohne den Schutz falscher Papiere. Herbert Michalski wagte es vermutlich ausschließlich mit seinen gültigen Papieren, also mit seiner „arischen“ Kennkarte (Dokument S. 113 unten) und seiner Reiseberechtigung für Schwarzkopf, die Züge zu benutzen. Um den Kontrolleuren zu erklären, warum seine Frau und seine Kinder dabei waren, dafür hatte er sich sicherlich eine seiner klugen Geschichten ausgedacht, die er stets glaubwürdig erzählen konnte. Dass er sehr trickreich war, zeigt die Geschichte seiner Verhaftung in

Prag.[37] Im Sommer 1945 berichtet er von seiner Festnahme und Flucht: „Am 28. 3. 45 wurde ich am Moldau-Bhf. in Prag von der Gestapo anlässlich einer Razzia wegen der Nichtzugehörigkeit zum Volkssturm verhaftet. Doch gelang es mir, mich aus den Räumen des Chefs der Sicherheitspolizei wieder in die Freiheit heraus zu schwindeln."[38]

Die acht Wochen zwischen Februar und April 1945, während der die Familie bei Gerda Mez lebte, waren für alle eine unvorstellbare Strapaze. Gerda Mez besaß die Kraft, trotz aller Konflikte die Probleme des Zusammenlebens auf engstem Raum zu meistern. Lilli Michalski ist in diesen Wochen an die Grenzen ihrer Belastbarkeit gestoßen. Der dramatischste Punkt in dieser Zeit war Ende März 1945, als Herbert aus Prag nicht zurückkehrte. Selbstmord als Möglichkeit, dem Elend des illegalen Lebens ein Ende zu bereiten, war bei allen untergetauchten Juden eine Option der ultima ratio.[39] Lillis zehnjähriger Sohn bewahrte sie vor dem letzten Schritt – ein wohl einmaliges und kaum je dargestelltes Ereignis in der Geschichte der Verfolgung. Jüdische Mischehepartner und „Mischlinge" plagten oft Schuldgefühle. Ihre psychische Verfassung war anders als die der Menschen, die als „Volljuden" verfolgt wurden.[40]

37 Die Erinnerung von Franz Michalski, dass sein Vater die Papiere auf diese Reise sicherheitshalber nicht mitgenommen hatte, lässt darauf schließen, dass er sie sonst dabei hatte und auch verwendete.

38 OdF-Akte Herbert Michalski, LAB, C Rep. 118-01, Nr. 5837, Bl. 2.

39 Wie viele Selbstmorde es im Untergrund gab, kann nicht ermittelt werden. Anita und Renate Lasker wollten sich für den Notfall mit Gift versorgen: Peter Schneider, „Und wenn wir nur eine Stunde gewinnen …" Wie ein jüdischer Musiker die Nazi-Jahre überlebte, Berlin 2001, S. 52 ff. Anita Lasker, Ihr sollt die Wahrheit erben. Die Cellistin von Auschwitz. Erinnerungen, Reinbek 2000, S. 73 f. Julius Friede hatte immer zerkleinertes Veronal bei sich: Eugen Herman-Friede, Für Freudensprünge keine Zeit, Berlin 1991, S. 109. Von der Selbsttötung Margarethe Wilhelms während ihrer Illegalität erzählt Elisabeth Hofacker, Menschen auf dem Prüfstand. Eine Berliner Familie im Widerstand gegen die Judenverfolgung. Herausgegeben von Claudia Schoppmann (Publikationen der Gedenkstätte Stille Helden, Bd. 2), Berlin 2013, S. 72–74.

40 Meyer, „Jüdische Mischlinge", S. 356 ff.

Lilli Michalski glaubte, dass Herbert und die Jungen ein besseres, weil durch sie unbelasteteres Leben führen könnten, wenn sie nicht mehr leben würde. Herbert hatte ihr diesen Gedanken wohl immer wieder ausreden können. Als er zur verabredeten Zeit nicht wiederkehrte, sah Lilli keine Hoffnung mehr.

Die Familie Michalski überlebte. Nach 1945 versuchten Herbert und Lilli an das frühere Leben anzuknüpfen, was ihnen auch gelang. Franz und Peter Michalski waren in ihren Berufen erfolgreich und konnten Familien gründen.

Aber erst im Zusammenhang mit der Gedenkstätte Stille Helden wurde Franz bewusst, dass die Geschichte der Familie Michalski nicht nur für den Familienkreis von Bedeutung ist. Er verspürte im Lauf der Jahre den Drang, von „seinen" Helfern zu berichten, und er tut es gemeinsam mit seiner Frau vor Klassen und anderen Gruppen in der Gedenkstätte Stille Helden. Es gelingt ihm überzeugend zu vermitteln, welch starke Persönlichkeiten das Kindermädchen Erna Scharf und die Kollegin Gerda Mez waren und aus welch unterschiedlichen Motiven sie halfen. Gebrüstet haben sie sich damit nie, sie waren im Laufe ihres weiteren Lebens aber sicherlich froh und stolz, dass ihr Handeln erfolgreich war.

Die zentrale Schlüsselfigur dieser Geschichte ist Herbert Michalski, der zwischen der „arischen" Welt und der Welt der Verfolgten stand. Er wusste von Beginn an, dass er alle Kräfte und Möglichkeiten mobilisieren musste, damit seine Frau, seine Kinder und er selbst überleben konnten. Als beruflich Selbstständiger gehörte es zu seinem „Naturell", sich immer zu informieren, sofort Entscheidungen zu treffen und vorausschauend Dinge in die Wege zu leiten, die zum jeweiligen Zeitpunkt klug und gangbar waren. Standhaft und mutig wies er das Ansinnen der Gestapo, sich von seiner Frau zu trennen, von sich. „Es ging dann so weiter […] mit der Ablieferung des Radios, Kündigung des Fernsprechanschlusses, Vorladung zur Gestapo, wo ich gefragt wurde, ob ich mich wohl bereits mit dem Gedanken der Scheidung befasst hätte. Als ich dies schroff verneinte und ablehnte, hingegen aber den Gedanken einer Auswanderung aussprach, sagte mir der betreffende Gestapomann, dass dies nicht in Frage käme und nicht erwünscht sei."[41]

Herbert Michalski handelte aus Liebe zu seiner Frau und seinen Kindern, aus Abscheu vor den menschenverachtenden Gesetzen seines Landes und im festen Glauben daran, dass es ihm mit Klugheit gelingen werde, seine Familie vor dem Zugriff der Gestapo und der NS-Bürokratie zu entziehen. Seine großen Anstrengungen hatten Erfolg, weil das Zusammenwirken mit den anderen mutigen Verbündeten so glückte, wie er es sich vorgestellt hatte.

Es war Franz und Peter Michalskis großes Anliegen, eine posthume Ehrung ihrer Helfer bei der Jerusalemer Gedenkstätte Yad Vashem zu erwirken. Am 29. Oktober 2012 beschloss Yad Vashem, Gerda Mez und Erna Raack sowie ihre Eltern Ida und Ernst Scharf als „Gerechte unter den Völkern" auszuzeichnen. Die feierliche Zeremonie fand in Anwesenheit aller heute lebenden Familienmitglieder am 17. September 2013 in Berlin statt.

41 Lebenslauf Herbert Michalski, OdF-Akte Herbert Michalski, LAB, C Rep. 118-01, Nr. 5837, Bl. 4.

Dokumentenanhang

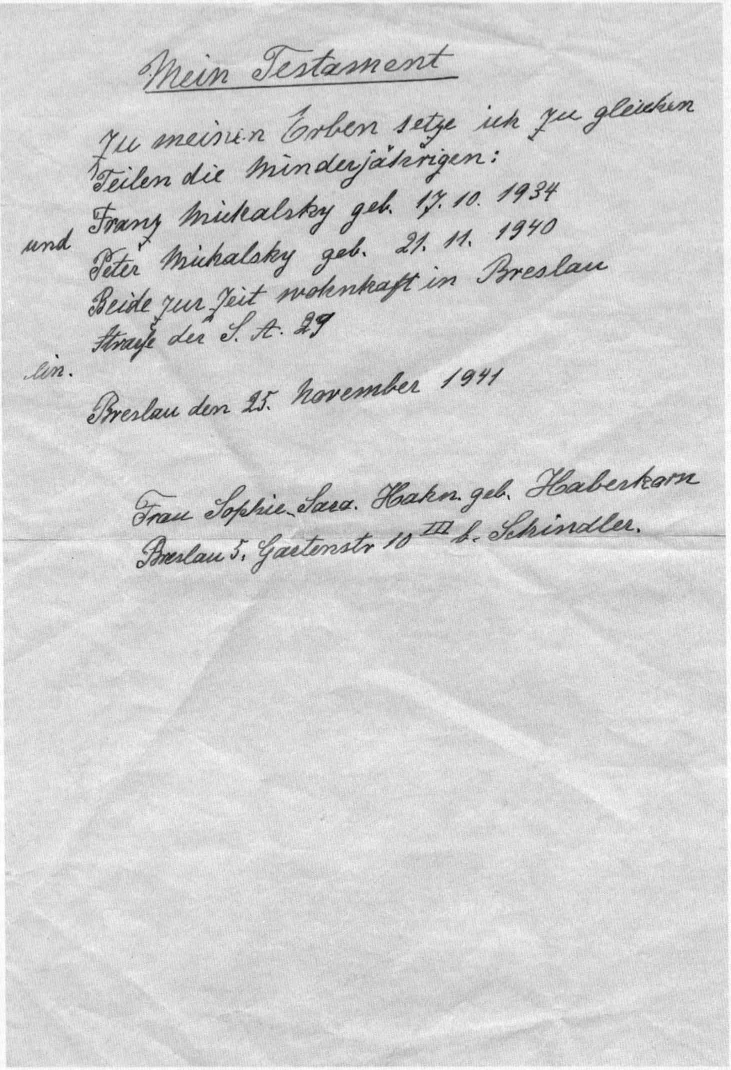

Mein Testament

Zu meinen Erben setze ich zu gleichen
Teilen die Minderjährigen:
Franz Michalsky geb. 17. 10. 1934
und Peter Michalsky geb. 21. 11. 1940
Beide zur Zeit wohnhaft in Breslau
Straße der S. A. 29
ein.

Breslau den 25. November 1941

Frau Sophie Sara. Hahn. geb. Haberkorn
Breslau 5, Gartenstr 10 III b. Schindler.

Sophie Hahns Testament vom 25. November 1941 (s. S. 19)

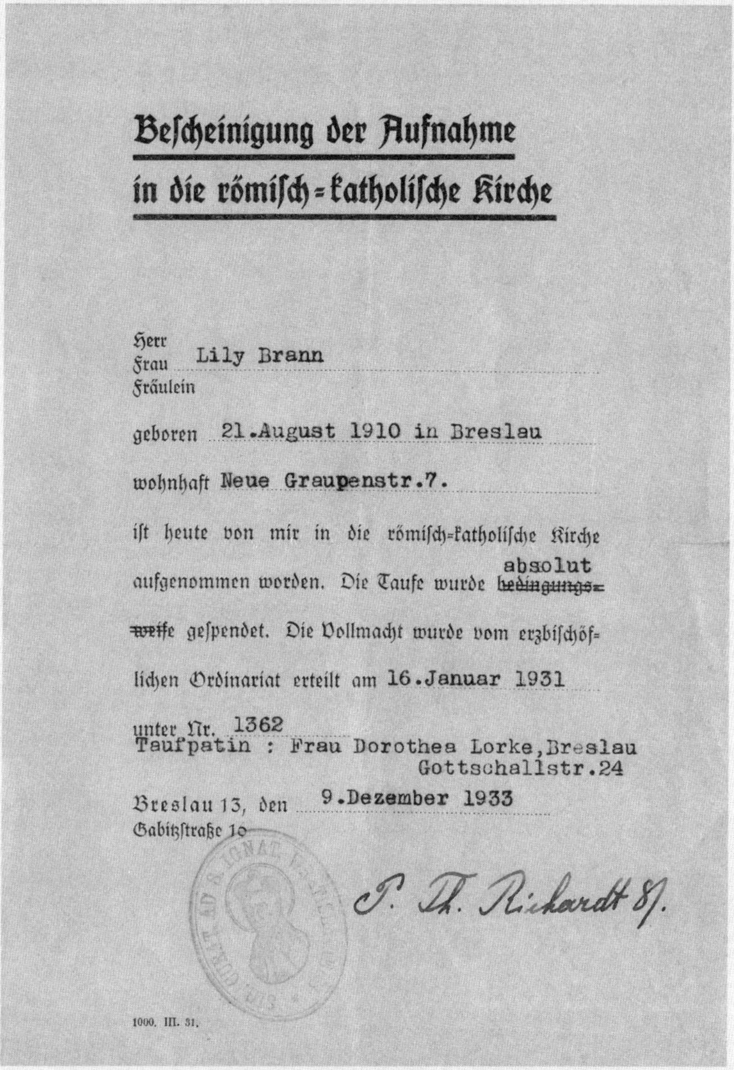

Bescheinigung der Aufnahme in die römisch-katholische Kirche

Herr
Frau Lily Brann
Fräulein

geboren 21.August 1910 in Breslau

wohnhaft Neue Graupenstr.7.

ist heute von mir in die römisch-katholische Kirche aufgenommen worden. Die Taufe wurde absolut ~~bedingungsweise~~ gespendet. Die Vollmacht wurde vom erzbischöflichen Ordinariat erteilt am 16.Januar 1931

unter Nr. 1362

Taufpatin : Frau Dorothea Lorke,Breslau
Gottschallstr.24

Breslau 13, den 9.Dezember 1933
Gabitzstraße 16

P. Th. Rickardt SJ.

1000. III. 31.

Bescheinigung der Aufnahme in die römisch-katholische Kirche für Lilli Brann vom 9. Dezember 1933. An der Gabitzstraße 16 lag die Carolus Kirche, in der die Jesuiten wirkten (s. S. 28).

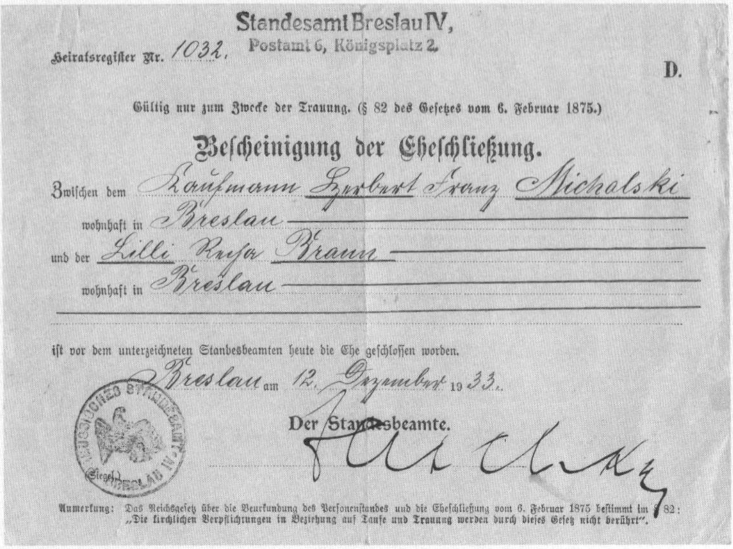

Standesamt Breslau IV,
Postamt 6, Königsplatz 2.

Heiratsregister Nr. 1032.

D.

Gültig nur zum Zwecke der Trauung. (§ 82 des Gesetzes vom 6. Februar 1875.)

Bescheinigung der Eheschließung.

Zwischen dem Kaufmann Herbert Franz Michalski

wohnhaft in Breslau

und der Lilli Rosa Braun

wohnhaft in Breslau

ist vor dem unterzeichneten Standesbeamten heute die Ehe geschlossen worden.

Breslau am 12. Dezember 1933.

Der Standesbeamte.

(Siegel)

Anmerkung: Das Reichsgesetz über die Beurkundung des Personenstandes und die Eheschließung vom 6. Februar 1875 bestimmt im § 82: „Die kirchlichen Verpflichtungen in Beziehung auf Taufe und Trauung werden durch dieses Gesetz nicht berührt".

Standesamtliche Bescheinigung der Heirat des Ehepaars Lilli und Herbert Michalski am 12. Dezember 1933 (s. S. 28)

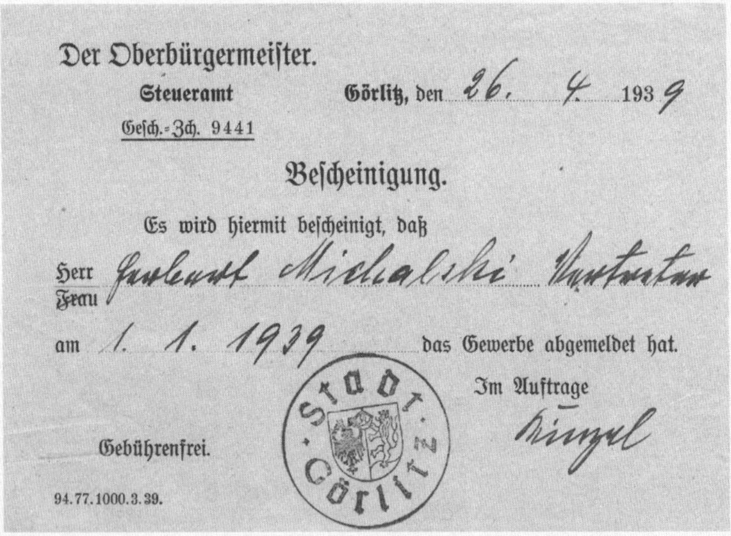

Der Oberbürgermeister.

Steueramt — Görlitz, den 26. 4. 1939

Gesch.-Zch. 9441

Bescheinigung.

Es wird hiermit bescheinigt, daß

Herr ~~Frau~~ Herbert Michalski Vertreter

am 1. 1. 1939 das Gewerbe abgemeldet hat.

Im Auftrage

Stadt Görlitz

Gebührenfrei.

94.77.1000.3.39.

Bescheinigung des Görlitzer Steueramtes vom 26. April 1939 über Herbert Michalskis Abmeldung seines Gewerbes (s. S. 35)

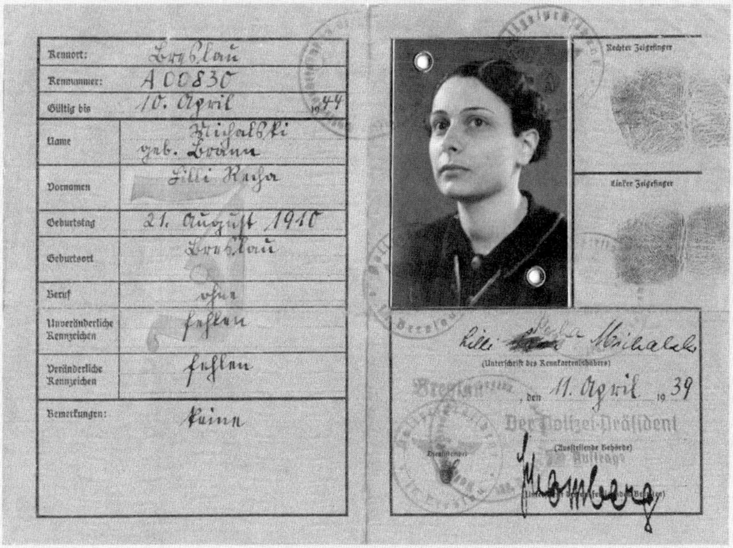

Kennort: Breslau
Kennummer: A 00830
Gültig bis 10. April 1944
Name: Michalski geb. Braun
Vornamen: Lilli Recha
Geburtstag: 21. August 1910
Geburtsort: Breslau
Beruf: ohne
Unveränderliche Kennzeichen: fehlen
Veränderliche Kennzeichen: fehlen
Bemerkungen: keine

Rechter Zeigefinger
Linker Zeigefinger
(Unterschrift des Kennkarteninhabers)
Breslau, den 11. April 1939
Der Polizei-Präsident
(Ausstellende Behörde)
Im Auftrage

Jüdische Kennkarte Lilli Recha Michalski, ausgestellt in Breslau am 11. April 1939 (s. S. 39)

Kennort: Breslau
Kennummer: A54263
Gültig bis 8. Juli 1946
Name: Michalski
Vornamen: Herbert Franz
Geburtstag: 5. November 1909
Geburtsort: Breslau
Beruf: Kaufmann-[illegible]
Unveränderliche Kennzeichen: fehlen
Veränderliche Kennzeichen: fehlen
Bemerkungen: keine

Rechter Zeigefinger
Linker Zeigefinger
(Unterschrift des Kennkarteninhabers)
Breslau, den 9. Juli 1941
Der Polizeipräsident
(Ausstellende Behörde)
Im Auftrage
(Unterschrift des ausfertigenden Beamten)

Kennkarte für den Kaufmann Herbert Michalski, ausgestellt in Breslau am 9. Juli 1941 (s. S. 45)

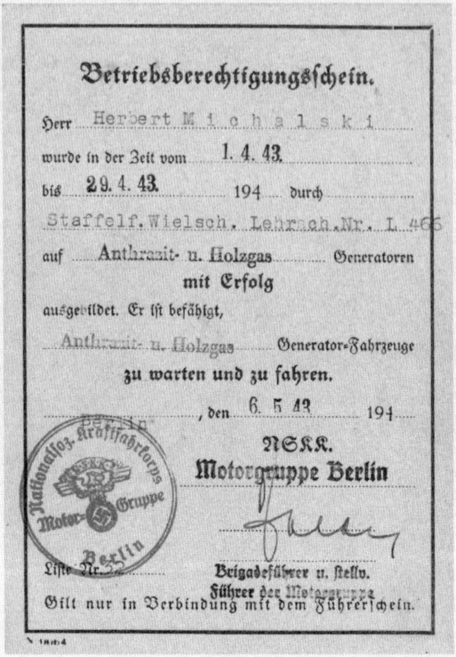

Betriebsberechtigungsschein.

Herr Herbert Michalski

wurde in der Zeit vom 1. 4. 43.

bis 29. 4. 43. 194 durch

Staffelf. Wielsch. Lehrsch. Nr. L 466

auf Anthrazit- u. Holzgas Generatoren

mit Erfolg

ausgebildet. Er ist befähigt,

Anthrazit- u. Holzgas Generator-Fahrzeuge

zu warten und zu fahren.

Berlin, den 6. 5. 43 194

NSKK.

Motorgruppe Berlin

Liste Nr. 32

Brigadeführer u. stellv. Führer der Motorgruppe

Gilt nur in Verbindung mit dem Führerschein.

Betriebsberechtigungsschein für Herbert Michalski zum Fahren und Warten von Anthrazit- und Holzgas-Generator-Fahrzeugen, Berlin 6. Mai 1943 (s. S. 50)

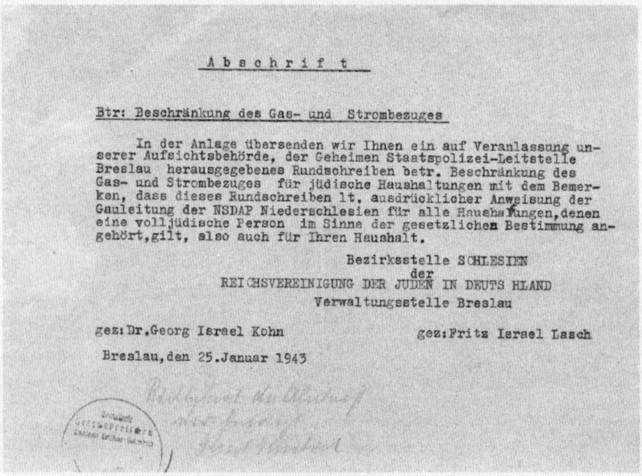

A b s c h r i f t

Btr: Beschränkung des Gas- und Strombezuges

In der Anlage übersenden wir Ihnen ein auf Veranlassung unserer Aufsichtsbehörde, der Geheimen Staatspolizei-Leitstelle Breslau herausgegebenes Rundschreiben betr. Beschränkung des Gas- und Strombezuges für jüdische Haushaltungen mit dem Bemerken, dass dieses Rundschreiben lt. ausdrücklicher Anweisung der Gauleitung der NSDAP Niederschlesien für alle Haushaltungen, denen eine volljüdische Person im Sinne der gesetzlichen Bestimmung angehört, gilt, also auch für Ihren Haushalt.

Bezirksstelle SCHLESIEN
der
REICHSVEREINIGUNG DER JUDEN IN DEUTSCHLAND
Verwaltungsstelle Breslau

gez: Dr. Georg Israel Kohn gez: Fritz Israel Lasch

Breslau, den 25. Januar 1943

Mitteilung der schlesischen Bezirksstelle der Reichsvereinigung über den Gas- und Strombezug, Breslau 25. Januar 1943 (s. S. 56)

Zur besonderen Beachtung

Betr. Einsparung von Gas- und Stromverbrauch :

Auf aufsichtsbehördliche Anordnung und entsprechend einer Mitteilung der Stadtwerke Breslau wird Folgendes bekanntgegeben :

1) Mit Wirkung ab 1.12.1942 dürfen jüdische Wohnungen nur noch folgende Mengen an Strom und Gas monatlich verbrauchen :

a) Strom

Für Haushaltungen mit	1 Person	5	kw-Stunden
" " "	2 Personen	8	"
" " "	3 "	8 1/2	"
" " "	4 "	9	"
" " "	5 "	9 1/2	"
" " "	6 "	10	"
" " "	7 " und mehr	12	"

b) Gas

Für Haushaltungen mit	1 Person	8	cbm
" " "	2 Personen	12	"
" " "	3 "	16	"
" " "	4 "	20	"
" " "	5 "	24	"
" " "	6 "	2[illegible]	"
" " "	7 " und mehr	31	"

2) Ein Mehrverbrauch an Gas und Strom hat den sofortigen Entzug der Lieferung zur Folge.

3) Zur Durchführung dieser Sparmassnahmen sind folgende Anordnungen getroffen :

a) Es darf keine Lampe über 25 Watt verwendet werden. In Schlafräumen, Toiletten und Nebenräumen dürfen nur 15 Watt-Lampen verwendet werden. Stärkere Birnen sind sofort umzutauschen, wobei darauf zu achten ist, dass neue nicht mattierte Lampen verwendet werden, die in den Geschäften erhältlich sind.

b) In Korridoren, Treppenhäusern, Fluren usw. dürfen nur die allernotwendigsten, möglichst schwachen, Lampen verwendet werden.

c) Zur Einsparung an Kochgas sind in allen Haushaltungen Kochkisten durch Auspolsterung von Kisten mit Stroh und anderem Material sofort herzurichten. Es wird dringend empfohlen, einmal täglich warmes Essen durch die Gemeinschaftsspeisung Neue Graupenstr. 3/4 (Kameradenspeisung) zu beziehen und dieses Essen in der Kochkiste warm aufzubewahren.

d) In jeder Wohnung ist ein gemeinschaftlicher Aufenthaltsraum einzurichten, in dem sich alle Insassen der Wohnung bis zum Schlafengehen aufzuhalten haben, und in dem ausschliesslich Licht (natürlich im sparsamsten Umfange) bis 20 Uhr gebrannt werden darf.

e)

Anweisung der schlesischen Bezirksstelle der Reichsvereinigung zur Energieeinsparung, Breslau 4. Dezember 1942 (s. S. 56)

e) Alle Haushaltungsvorstände haben sofort unserer Grundstücksverwaltung eine Meldung über die Zahl der Räume der Wohnung und der untergebrachten Personen zu erstatten. Die Meldung muss spätestens am 8.12.1942 bei uns eingegangen sein und zwar nach folgendem Schema :

" Wohnung Weiss, Augustastr. 79, II lks.
bestehend aus....Zimmern, Küche, Bad
6 Personen. "

Eine verspätete Abgabe hat behördliche Bestrafung zur Folge.

f) Weitere Ratschläge für die Einsparung von Gas und Licht werden von unserer Grundstücksverwaltung noch erteilt werden. Dieser wird in Kürze eine besondere Beratungsstelle eingegliedert werden, über deren Tätigkeit noch Näheres am "Schwarzen Brett" bekannt gegeben wird.

4) Es wird nachdrücklichst darauf hingewiesen, dass mit behördlich Kontrollmassnahmen zu rechnen ist. Werden bei diesen Verstösse festgestellt, so ist mit schärfsten behördlichen Massnahmen zu rechnen.

5) Für jede Wohnung wird ein Vertrauensmann bestimmt werden, der der Behörde und uns gegenüber dafür verantwortlich ist, dass mit Gas und Strom sparsamst gewirtschaftet und die angegebenen Grundsätze über Einsparungen sofort und schärfstens durchgeführt werden.

6) In diesem Zusammenhang bemerken wir, dass die Dienststunden in der Gemeinde auf behördliche Weisung von Montag bis Sonnabend auf 7 - 16 Uhr festgesetzt sind.

Es wird nochmals darauf hingewiesen, dass die Innehaltung der angegebenen Grundsätze nicht nur im eigenen Interesse, sondern auch im Interesse der jüdischen Allgemeinheit unbedingt erforderlich ist und dass alle Verstösse schärfstens geahndet werden.

BEZIRKSSTELLE SCHLESIEN
DER
REICHSVEREINIGUNG DER JUDEN IN DEUTSCHLAND
Verwaltungsstelle Breslau

DR. GEORG ISRAEL KOHN

FRITZ ISRAEL LASCH

Breslau, den 4. Dezember 1942
Ta/P.

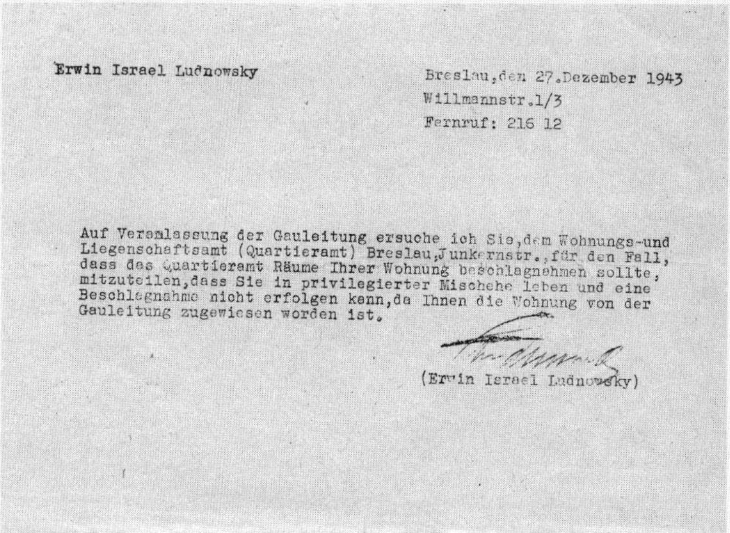

Erwin Israel Ludnowsky

Breslau,den 27.Dezember 1943
Willmannstr.1/3
Fernruf: 216 12

Auf Veranlassung der Gauleitung ersuche ich Sie,dem Wohnungs-und Liegenschaftsamt (Quartieramt) Breslau,Junkernstr.,für den Fall, dass das Quartieramt Räume Ihrer Wohnung beschlagnahmen sollte, mitzuteilen,dass Sie in privilegierter Mischehe leben und eine Beschlagnahme nicht erfolgen kann,da Ihnen die Wohnung von der Gauleitung zugewiesen worden ist.

(Erwin Israel Ludnowsky)

Schreiben von Erwin Ludowsky vom 27. Dezember 1943 (s. S. 57)

Lilli Michalskis Postausweis, in Breslau ausgestellt am 21. August 1943.
Es fehlt dort ihr jüdischer Zwangsname. Wer zu welcher Zeit „Jüdin" mit Kopierstift über die rechte Seite geschrieben hat, ist unbekannt. Seitdem konnte sie ihn nicht mehr benutzen (s. S. 59).

Arbeitsamt Berlin
Berlin C 2
(1)

Dienstsiegel

Frei durch Ablösung Reich

Postkarte

JAGDFLIEGER DAS GEBOT DER STUNDE

BERLIN 17.10.44-20

Herrn ~~Frau~~ ~~Fräulein~~ Herbert Michalski

1 Bln-Charlottenburg

[illegible] Str. Platz Nr. 69

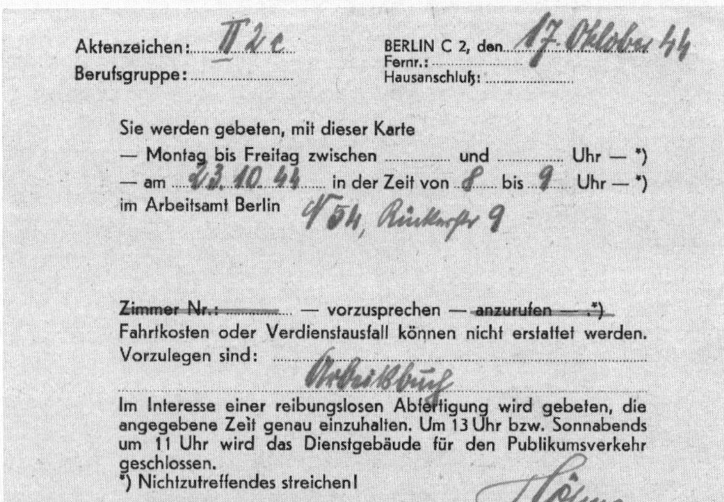

Aktenzeichen: II 2c

Berufsgruppe:

BERLIN C 2, den 17. Oktober 44
Fernr.:
Hausanschluß:

Sie werden gebeten, mit dieser Karte
— Montag bis Freitag zwischen ...... und ...... Uhr — *)
— am 23.10.44 in der Zeit von 8 bis 9 Uhr — *)
im Arbeitsamt Berlin N 54, Rückerstr. 9

~~Zimmer Nr.:~~ — vorzusprechen — ~~anzurufen —~~ *)
Fahrtkosten oder Verdienstausfall können nicht erstattet werden.
Vorzulegen sind: Arbeitsbuch

Im Interesse einer reibungslosen Abfertigung wird gebeten, die angegebene Zeit genau einzuhalten. Um 13 Uhr bzw. Sonnabends um 11 Uhr wird das Dienstgebäude für den Publikumsverkehr geschlossen.
*) Nichtzutreffendes streichen!

II A — 482 — 50.000 VIII. 44. C/2277

[illegible]

Postkarte mit der Vorladung des Berliner Arbeitsamtes an Herbert Michalski vom 17. Oktober 1944 (s. S. 64)

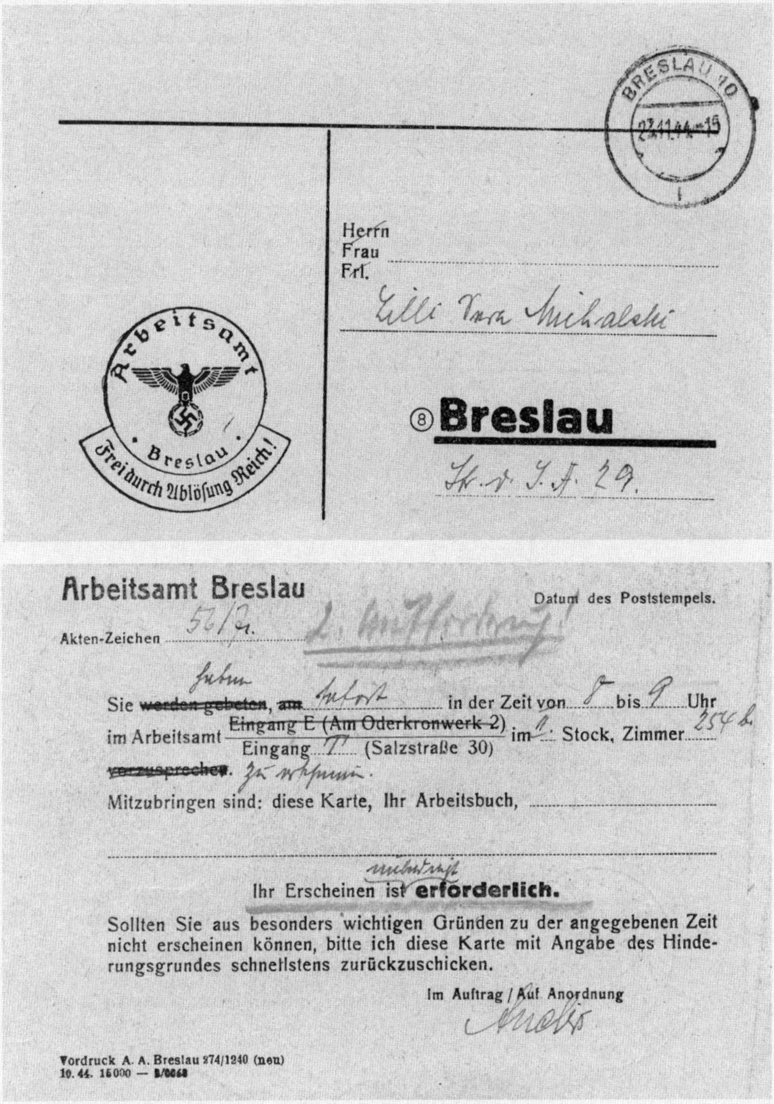

BRESLAU 10
23.11.44.-15

Arbeitsamt
Breslau
Frei durch Ablösung Reich!

Herrn
Frau
Frl. Lilli Sara Michalski

⑧ Breslau
Str. d. S.A. 29.

Arbeitsamt Breslau

Datum des Poststempels.

Akten-Zeichen 56/2. 2. Aufforderung!

Sie ~~werden gebeten~~, ~~am~~ haben sofort in der Zeit von 8 bis 9 Uhr im Arbeitsamt ~~Eingang E (Am Oderkronwerk 2)~~ / Eingang I (Salzstraße 30) im 2. Stock, Zimmer 254 b. ~~vorzusprechen~~. zu erscheinen.

Mitzubringen sind: diese Karte, Ihr Arbeitsbuch,

Ihr Erscheinen ist unbedingt **erforderlich.**

Sollten Sie aus besonders wichtigen Gründen zu der angegebenen Zeit nicht erscheinen können, bitte ich diese Karte mit Angabe des Hinderungsgrundes schnellstens zurückzuschicken.

Im Auftrag / Auf Anordnung

Vordruck A. A. Breslau 274/1240 (neu)
10. 44. 15000 — B/0068

Postkarte mit der 2. Vorladung des Breslauer Arbeitsamtes an Lilli Michalski vom 23. November 1944 (s. S. 64)

~~Ehefrau~~

Lichtbild

Unterschrift des Paßinhabers

Gerda Mez

~~und seiner Ehefrau~~

Es wird hiermit bescheinigt, daß der Inhaber die durch das obenstehende Lichtbild dargestellte Person ist und die darunter befindliche Unterschrift eigenhändig vollzogen hat.

Berlin-Wilmersdorf, den 4 April 1939

PERSONENBESCHREIBUNG

		Ehefrau
Beruf	Haarpflegespezialistin	
Geburtsort	Offenbach a/M.	
Geburtstag	2.9.11	
Wohnort	Berlin-Wilmersdorf	
Gestalt	groß	
Gesicht	oval	
Farbe der Augen	blau	
Farbe des Haares	blond	
Besond. Kennzeichen	keine	

~~KINDER~~

Name	Alter	Geschlecht

Reisepass Gerda Mez, ausgestellt am 4. April 1939 in Berlin
Privatbesitz Dr. Lutz Mez, Berlin (s. S. 66)

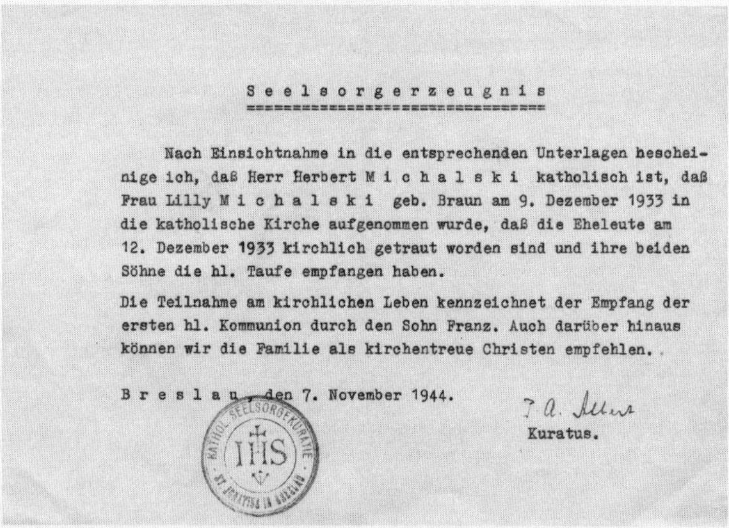

S e e l s o r g e r z e u g n i s

Nach Einsichtnahme in die entsprechenden Unterlagen bescheinige ich, daß Herr Herbert M i c h a l s k i katholisch ist, daß Frau Lilly M i c h a l s k i geb. Braun am 9. Dezember 1933 in die katholische Kirche aufgenommen wurde, daß die Eheleute am 12. Dezember 1933 kirchlich getraut worden sind und ihre beiden Söhne die hl. Taufe empfangen haben.

Die Teilnahme am kirchlichen Leben kennzeichnet der Empfang der ersten hl. Kommunion durch den Sohn Franz. Auch darüber hinaus können wir die Familie als kirchentreue Christen empfehlen.

B r e s l a u, den 7. November 1944.

KATHOL. SEELSORGEKURATIE · IHS · ST. IGNATIUS IN BRESLAU

Kuratus.

Seelsorgerzeugnis für die Familie Michalski, ausgestellt von der Breslauer Seelsorger-Kuratie der Jesuiten vom 7. November 1944 (s. S. 68)

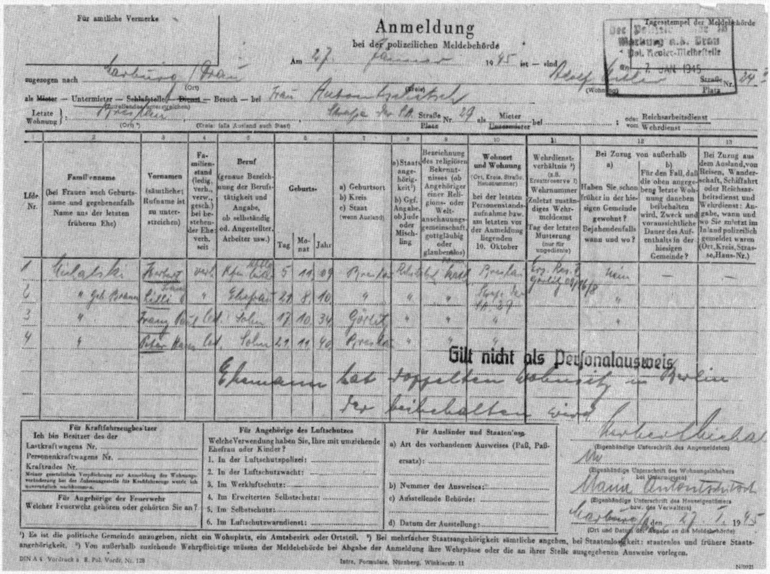

Für amtliche Vermerke

Anmeldung

bei der polizeilichen Meldebehörde

Tagesstempel der Meldebehörde: Der [illegible] Marburg a. d. Drau – Pol. Revier-Meldestelle – 27. JAN. 1945

Am 27. Januar 1945 ist — sind zugezogen nach Marburg / Drau (Ort) (Kreis) Adolf Hitler (Wohnung) Straße / Platz Nr. 24

als ~~Mieter~~ — Untermieter — ~~Schlafstelle~~ — ~~Dienst~~ — Besuch — bei Frau Antonitschitsch (Zutreffendes unterstreichen)

Letzte Wohnung: Breslau (Ort [2]), (Kreis: falls Ausland auch Staat), Straße der SA Straße / Platz Nr. 29 als Mieter / Untermieter bei ……; oder: vom Reichsarbeitsdienst / vom Wehrdienst

1	2	3	4	5	6			7	8	9	10	11	12		13
Lfde. Nr.	Familienname (bei Frauen auch Geburtsname und gegebenenfalls Name aus der letzten früheren Ehe)	Vornamen (sämtliche; Rufname ist zu unterstreichen)	Familienstand (ledig, verh., verw., gesch.) bei bestehender Ehe verh. seit	Beruf (genaue Bezeichnung der Berufstätigkeit und Angabe, ob selbständig od. Angestellter, Arbeiter usw.)	Geburts- Tag	Monat	Jahr	a) Geburtsort b) Kreis c) Staat (wenn Ausland)	a) Staatsangehörigkeit [2]) b) Ggf. Angabe, ob Jude oder Mischling	Bezeichnung des religiösen Bekenntnisses (ob Angehöriger einer Religions- oder Weltanschauungsgemeinschaft, gottgläubig oder glaubenslos)	Wohnort und Wohnung (Ort, Kreis, Straße, Hausnummer) bei der letzten Personenstandsaufnahme bzw. am letzten vor der Anmeldung liegenden 10. Oktober	Wehrdienstverhältnis [3]) (z. B. Ersatzreserve I) Wehrnummer Zuletzt zuständiges Wehrmeldeamt Tag der letzten Musterung (nur für ungediente)	Bei Zuzug von außerhalb a) Haben Sie schon früher in der hiesigen Gemeinde gewohnt? Bejahendenfalls wann und wo?	b) Für den Fall, daß die oben angegebene letzte Wohnung daneben beibehalten wird, Zweck und voraussichtliche Dauer des Aufenthalts in der hiesigen Gemeinde?	Bei Zuzug aus dem Ausland, von Reisen, Wanderschaft, Schiffahrt oder Reichsarbeitsdienst und Wehrdienst: Angabe, wann und wo Sie zuletzt im Inland polizeilich gemeldet waren (Ort, Kreis, Strasse, Haus-Nr.)
1	Michalski	Herbert	verh.	[illegible]	5	11	09	Breslau	[illegible]	kath.	Breslau	[illegible] Görlitz [illegible]	nein	—	—
2	" geb. Braun	Lilli	"	Ehefrau	21	8	10	"	"	"	[illegible]		"		
3	"	Franz [illegible]	led.	Sohn	17	10	34	Görlitz	"	"	"		"		
4	"	Peter [illegible]	led.	Sohn	21	11	40	Breslau	"	"	"				

Gilt nicht als Personalausweis

Ehemann hat doppelten Wohnsitz in Berlin, der beibehalten wird.

Für Kraftfahrzeugbesitzer	Für Angehörige des Luftschutzes	Für Ausländer und Staatenlose
Ich bin Besitzer des der Lastkraftwagens Nr. …… Personenkraftwagens Nr. …… Kraftrades Nr. …… Meiner gesetzlichen Verpflichtung zur Anmeldung der Wohnungsveränderung bei der Zulassungsstelle für Kraftfahrzeuge werde ich unverzüglich nachkommen.	Welche Verwendung haben Sie, Ihre mit umziehende Ehefrau oder Kinder? 1. In der Luftschutzpolizei: …… 2. In der Luftschutzwacht: …… 3. Im Werkluftschutz: …… 4. Im Erweiterten Selbstschutz: …… 5. Im Selbstschutz: …… 6. Im Luftschutzwarndienst: ……	a) Art des vorhandenen Ausweises (Paß, Paßersatz): …… b) Nummer des Ausweises: …… c) Ausstellende Behörde: …… d) Datum der Ausstellung: ……
Für Angehörige der Feuerwehr: Welcher Feuerwehr gehören oder gehörten Sie an?		

Herbert Michalski
(Eigenhändige Unterschrift des Angemeldeten)

(Eigenhändige Unterschrift des Wohnungsinhabers bei Untermietern)

Maria Antonitschitsch
(Eigenhändige Unterschrift des Hauseigentümers bzw. des Verwalters)

Marburg, den 27. 1. 1945
(Ort und Datum der Abgabe an die Meldebehörde)

[1]) Es ist die politische Gemeinde anzugeben, nicht ein Wohnplatz, ein Amtsbezirk oder Ortsteil. [2]) Bei mehrfacher Staatsangehörigkeit sämtliche angeben, bei Staatenlosigkeit: staatenlos und frühere Staatsangehörigkeit. [3]) Von außerhalb zuziehende Wehrpflichtige müssen der Meldebehörde bei Abgabe der Anmeldung ihre Wehrpässe oder die an ihrer Stelle ausgegebenen Ausweise vorlegen.

DIN A 4 Vordruck z. 8. Pol. Vordr. Nr. 128 — Intra, Formulare, Nürnberg, Winklerstr. 11 — N/0921

Polizeiliche Anmeldung der Familie Michalski in Marburg an der Drau vom 27. Januar 1945 (s. S. 71)

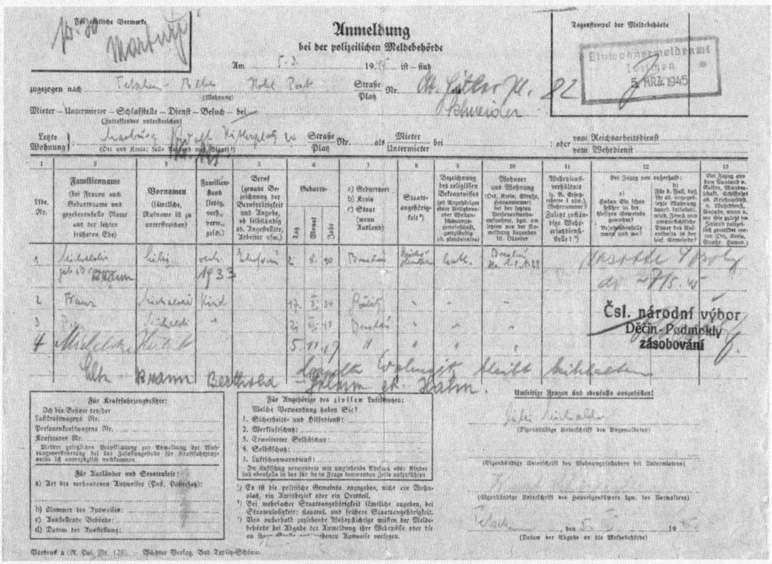

Für amtliche Vermerke

Anmeldung

bei der polizeilichen Meldebehörde

Tagesstempel der Meldebehörde: Einwohnermeldeamt Tetschen 5. MRZ. 1945

Am 5. 3. 1945 ist — sind zugezogen nach Tetschen-Bodenbach (Wohnung) Straße / Platz Nr. Ad. Hitler Pl. 22 als Schneider

Mieter — Untermieter — Schlafstelle — Dienst — Besuch — bei (Zutreffendes unterstreichen)

Letzte Wohnung: Marburg (Ort und Kreis; falls Ausland auch Staat [1]) Straße / Platz Nr. als Mieter / Untermieter bei ……; oder vom Reichsarbeitsdienst / vom Wehrdienst

1	2	3	4	5	6			7	8	9	10	11	12		13
Lfde. Nr.	Familienname (bei Frauen auch Geburtsname und gegebenenfalls Name aus der letzten früheren Ehe)	Vornamen (sämtliche, Rufname ist zu unterstreichen)	Familienstand (ledig, verh., verw., gesch.)	Beruf (genaue Bezeichnung der Berufstätigkeit und Angabe, ob selbständig od. Angestellter, Arbeiter usw.)	Geburts- Tag	Monat	Jahr	a) Geburtsort b) Kreis c) Staat (wenn Ausland)	Staatsangehörigkeit [2])	Bezeichnung des religiösen Bekenntnisses (ob Angehöriger einer Religions- oder Weltanschauungsgemeinschaft, gottgläubig od. glaubenslos)	Wohnort und Wohnung (Ort, Kreis, Straße, Hausnummer) bei der letzten Personenstandsaufnahme, bzw. am letzten vor der Anmeldung liegenden 10. Oktober	Wehrdienstverhältnis (z. B. Ersatzreserve I usw.) Wehrnummer? Zuletzt zuständige Wehrersatzdienststelle? [3])	Bei Zuzug von außerhalb: a) Haben Sie schon früher in der hiesigen Gemeinde gewohnt? Bejahendenfalls wann und wo?	b) Für d. Fall, daß die ob. angegeb. letzte Wohnung daneb. beibehalt. wird, Zweck und voraussichtliche Dauer des Aufenthalts in der hies. Gemeinde?	Bei Zuzug aus dem Ausland u. Reisen, Wanderschaft, Schiffahrt od. Reichsarbdst. u. Wehrdienst, Angabe, wann u. wo Sie zuletzt im Inland polizeilich gemeldet waren (Ort, Kreis, Straße, Hausn.)
1	Michalski geb. [illegible] Braun	Lilli	verh. 1933	Ehefrau	21	8	10	Breslau	Deutsches Reich	kath.	Breslau [illegible]		[illegible]		
2	Franz	Michalski	Kind		17	X	34	Görlitz	"	"	"				
3	Peter	Michalski	"		21	XI	40	Breslau	"	"	"				
4	Michalski	Herbert			5	11	09	"	"	"					

Eltern: Braun Berthold — [illegible] — Helene geb. Hahn.

Čsl. národní výbor Děčín-Podmokly zásobování

Für Kraftfahrzeugbesitzer:	Für Angehörige des zivilen Luftschutzes:
Ich bin Besitzer des/der Lastkraftwagens Nr. …… Personenkraftwagens Nr. …… Kraftrades Nr. …… Meiner gesetzlichen Verpflichtung zur Anmeldung der Wohnungsveränderung bei der Zulassungsstelle für Kraftfahrzeuge werde ich unverzüglich nachkommen.	Welche Verwendung haben Sie? 1. Sicherheits- und Hilfsdienst: …… 2. Werkluftschutz: …… 3. Erweiterter Selbstschutz: …… 4. Selbstschutz: …… 5. Luftschutzwarndienst: …… Im Luftschutz verwendete mit umziehende Ehefrau oder Kinder sind ebenfalls in der für sie in Frage kommenden Zeile aufzuführen.
Für Ausländer und Staatenlose: a) Art des vorhandenen Ausweises (Paß, Paßersatz): …… b) Nummer des Ausweises: …… c) Ausstellende Behörde: …… d) Datum der Ausstellung: ……	

[1]) Es ist die politische Gemeinde anzugeben, nicht ein Wohnplatz, ein Amtsbezirk oder ein Ortsteil.
[2]) Bei mehrfacher Staatsangehörigkeit sämtliche angeben, bei Staatenlosigkeit: staatenl. und frühere Staatsangehörigkeit.
[3]) Von außerhalb zuziehende Wehrpflichtige müssen der Meldebehörde bei Abgabe der Anmeldung ihre Wehrpässe oder die an ihrer Stelle ausgegebenen Ausweise vorlegen.

Umseitige Fragen sind ebenfalls auszufüllen!

Lilli Michalski
(Eigenhändige Unterschrift des Angemeldeten)

(Eigenhändige Unterschrift des Wohnungsinhabers bei Untermietern)

(Eigenhändige Unterschrift des Hauseigentümers bzw. des Verwalters)

Tetschen, den 5. 3. 1945
(Datum der Abgabe an die Meldebehörde)

Vordruck a (R. Pol. Nr. 126). — Wächter Verlag, Bad Teplitz-Schönau

Polizeiliche Anmeldung der Familie Michalski in Tetschen-Bodenbach am 5. März 1945 (s. S. 75)

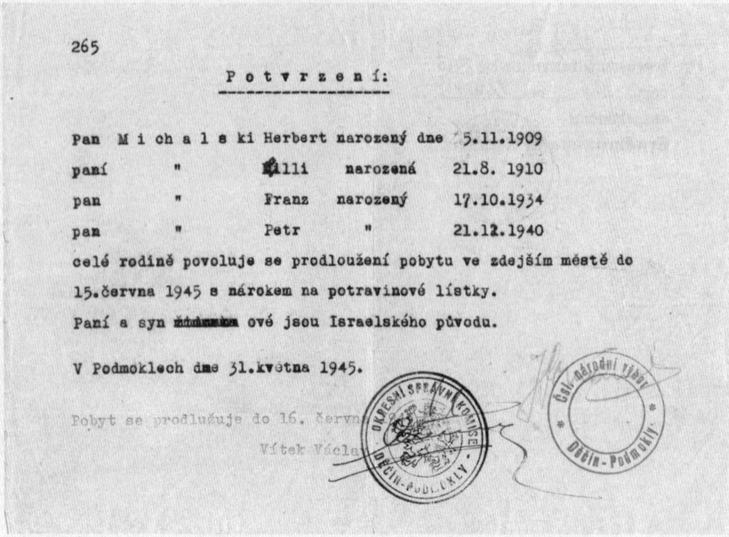

265

Potvrzení:

Pan Michalski Herbert narozený dne 5.11.1909
paní " Lilli narozená 21.8. 1910
pan " Franz narozený 17.10.1934
pan " Petr " 21.12.1940
celé rodině povoluje se prodloužení pobytu ve zdejším městě do 15.června 1945 s nárokem na potravinové lístky.
Paní a syn [redacted]ové jsou Israelského původu.

V Podmoklech dne 31.května 1945.

Pobyt se prodlužuje do 16. červn
Vítek Václa

Antrag auf Lebensmittelzuteilung für die vier Michalskis vom 31. Mai 1945 (s. S. 83)

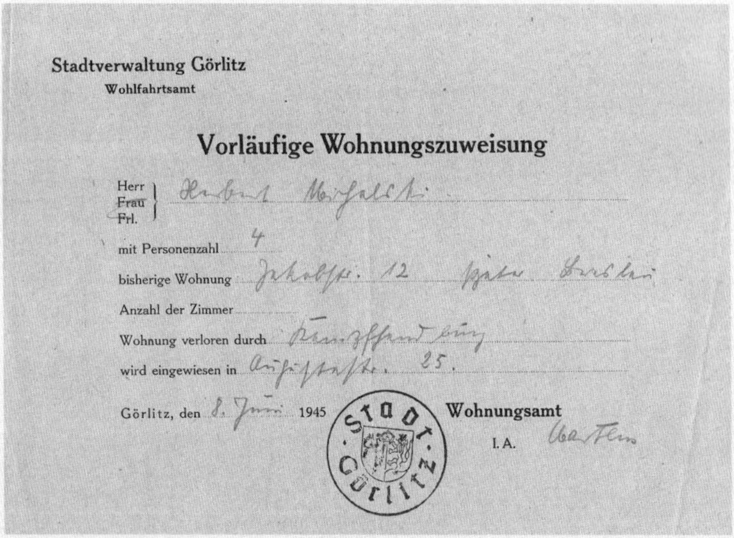

Stadtverwaltung Görlitz
Wohlfahrtsamt

Vorläufige Wohnungszuweisung

Herr ~~Frau~~ ~~Frl.~~ Herbert Michalski
mit Personenzahl 4
bisherige Wohnung Jakobstr. 12 jetzt Breslau
Anzahl der Zimmer
Wohnung verloren durch Kampfhandlung
wird eingewiesen in Augustastr. 25.

Görlitz, den 8. Juni 1945

Wohnungsamt
I. A.

Zuweisung der Wohnung in der Augustastraße 25 an die Familie Michalski durch die Stadtverwaltung Görlitz vom 8. Juni 1945 (s. S. 85)

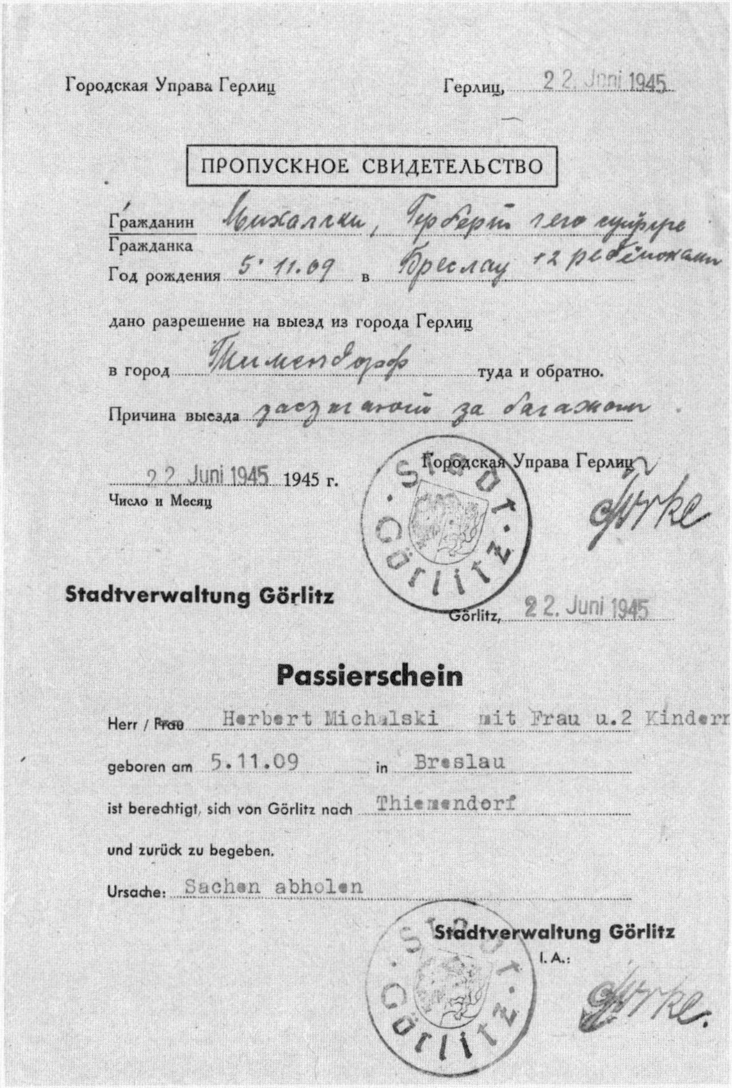

Городская Управа Герлиц Герлиц, 22. Juni 1945

ПРОПУСКНОЕ СВИДЕТЕЛЬСТВО

Гражданин / Гражданка Михальски, Герберт с его супругой
Год рождения 5. 11. 09 в Бреслау +2 ребёнками

дано разрешение на выезд из города Герлиц

в город Тимендорф туда и обратно.

Причина выезда заехать за багажом.

22. Juni 1945 1945 г.
Число и Месяц

Городская Управа Герлиц

Stadtverwaltung Görlitz

Görlitz, 22. Juni 1945

Passierschein

Herr / ~~Frau~~ Herbert Michalski mit Frau u. 2 Kindern

geboren am 5.11.09 in Breslau

ist berechtigt, sich von Görlitz nach Thiemendorf

und zurück zu begeben.

Ursache: Sachen abholen

Stadtverwaltung Görlitz
I. A.:

Passierschein in deutscher und russischer Sprache vom 22. Juni 1945 (s. S. 86)

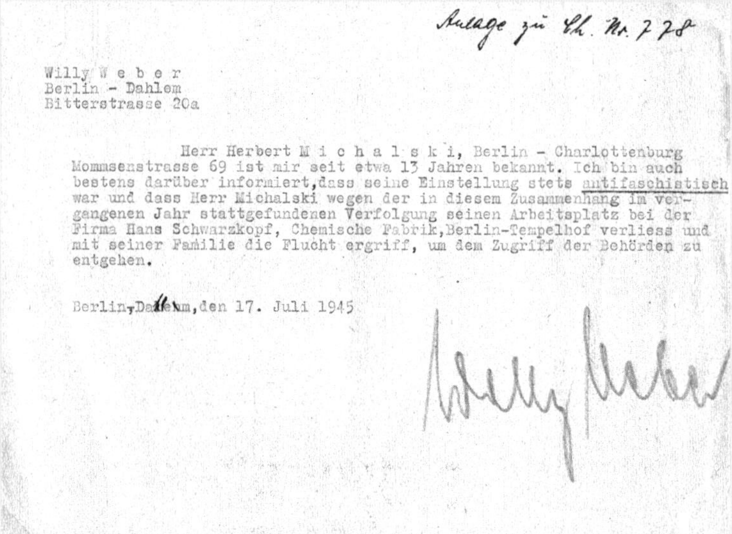

Anlage zu Ch. Nr. 778

Willy Weber
Berlin - Dahlem
Bitterstrasse 20a

Herr Herbert Michalski, Berlin - Charlottenburg Mommsenstrasse 69 ist mir seit etwa 13 Jahren bekannt. Ich bin auch bestens darüber informiert, dass seine Einstellung stets antifaschistisch war und dass Herr Michalski wegen der in diesem Zusammenhang im vergangenen Jahr stattgefundenen Verfolgung seinen Arbeitsplatz bei der Firma Hans Schwarzkopf, Chemische Fabrik, Berlin-Tempelhof verliess und mit seiner Familie die Flucht ergriff, um dem Zugriff der Behörden zu entgehen.

Berlin-Dahlem, den 17. Juli 1945

Willy Weber

Bescheinigung des Schwarzkopf-Geschäftsführers Willy Weber über das Untertauchen von Herbert Michalski vom 17. Juli 1945

Lilli Michalskis Ausweis als „Opfer des Faschismus", ausgestellt am 27. August 1946 in Berlin